“매일 성장하는 **초등 자기개발서**”

완자

공부력

Q 왜 공부력을 키워야 할까요?

쓰기력

정확한 의사소통의 기본기이며 논리의 바탕

연필을 잡고 종이에 쓰는 것을 괴로워한다!
맞춤법을 몰라 정확한 쓰기를 못한다!
말은 잘하지만 조리 있게 쓰는 것이 어렵다!
그래서 글쓰기의 기본 규칙을 정확히 알고
써야 공부 능력이 향상됩니다.

어휘력

교과 내용 이해와 독해력의 기본 바탕

어휘를 몰라서 수학 문제를 못 푼다!
어휘를 몰라서 사회, 과학 내용 이해가 안 된다!
어휘를 몰라서 수업 내용을 따라가기 어렵다!
그래서 교과 내용 이해의 기본 바탕을
다지기 위해 어휘 학습을 해야 합니다.

독해력

모든 교과 실력 향상의 기본 바탕

글을 읽었지만 무슨 내용인지 모른다!
글을 읽고 이해하는 데 시간이 오래 걸린다!
읽어서 이해하는 공부 방식을 거부하려고 한다!
그래서 통합적 사고력의 바탕인 독해 공부로
교과 실력 향상의 기본기를 닦아야 합니다.

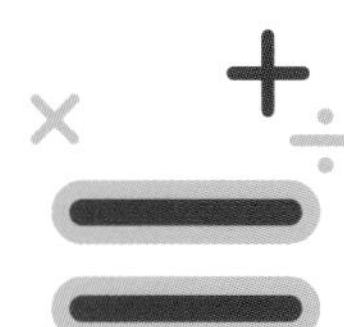

계산력

초등 수학의 핵심이자 기본 바탕

계산 과정의 실수가 잦다!
계산을 하긴 하는데 시간이 오래 걸린다!
계산은 하는데 계산 개념을 정확히 모른다!
그래서 계산 개념을 익히고 속도와 정확성을
높이기 위한 훈련을 통해 계산력을 키워야 합니다.

한자 카드

카드를 활용하여 이 책에서 배운 한자와 어휘를 복습해 보세요.

※ 점선을 따라 뜯어요.

評判

優勝

專攻

就任

看護

負傷

危險

頭痛

好轉

점선을 따라 자르세요.

평판 평할 평 | 판단할 판

평가(評價) | 비평(批評)
재판(裁判) | 판정(判定)

visang

근로 부지런할 근 | 일할 로

근면(勤勉) | 근정전(勤政殿)
노동(勞動) | 노사(勞使)

visang

전공 오로지 전 | 칠 공

전용(專用) | 전문가(專門家)
공격(攻擊) | 침공(侵攻)

visang

우승 뛰어날 우 | 이길 승

우수(優秀) | 우대(優待)
승리(勝利) | 결승전(決勝戰)

visang

간호 볼 간 | 도울/보호할 호

간판(看板) | 간과(看過)
변호(辯護) | 보호(保護)

visang

취임 나아갈 취 | 맡길 임

취업(就業) | 성취(成就)
담임(擔任) | 책임(責任)

visang

위험 위태할 위 | 험할 험

위기(危機) | 위급(危急)
험담(險談) | 탐험(探險)

visang

부상 질 부 | 다칠 상

승부(勝負) | 자부심(自負心)
손상(損傷) | 화상(火傷)

visang

호전 좋을 호 | 구를 전

호감(好感) | 우호(友好)
전환(轉換) | 운전(運轉)

visang

두통 머리 두 | 아플 통

두각(頭角) | 몰두(沒頭)
통증(痛症) | 애통(哀痛)

visang

점선을 따라 자르세요.

※ 점선을 따라 뜯어요.

標準

差異

證券

投資

採點

支持

依存

苦難

脫盡

歡喜

점선을 따라 자르세요.

차이 다를 차 | 다를 이

차별(差別) | 격차(隔差)
경이(驚異) | 이물질(異物質)

visang

표준 표할 표 | 준할 준

목표(目標) | 표어(標語)
준비(準備) | 기준(基準)

visang

투자 던질 투 | 재물 자

투표(投票) | 투수(投手)
자금(資金) | 자료(資料)

visang

증권 증거 증 | 문서 권

증거(證據) | 인증(認證)
여권(旅券) | 탑승권(搭乘券)

visang

지지 지탱할 지 | 가질 지

지원(支援) | 지장(支障)
소지품(所持品) | 지속(持續)

visang

채점 캘 채 | 점 점

채택(採擇) | 채집(採集)
관점(觀點) | 장점(長點)

visang

고난 쓸/괴로울 고 | 어려울 난

고생(苦生) | 고충(苦衷)
난민(難民) | 비난(非難)

visang

의존 의지할 의 | 있을 존

의지(依支) | 의뢰(依賴)
보존(保存) | 공존(共存)

visang

환희 기쁠 환 | 기쁠 희

환영(歡迎) | 환호(歡呼)
희극(喜劇) | 희로애락(喜怒哀樂)

visang

탈진 벗을 탈 | 다할 진

이탈(離脫) | 탈수(脫水)
소진(消盡) | 무진(無盡)

visang

점선을 따라 자르세요.

완자

공부력

초등 전과목

한자 어휘 6B

초등 전과목 한자 어휘 5A-6B 구성

한자 학습

5A	假想 가상	創造 창조	革新 혁신	興味 흥미	斷絕 단절
	血統 혈통	官職 관직	逆境 역경	進退 진퇴	確保 확보
	神經 신경	指壓 지압	聲帶 성대	回復 회복	餘波 여파
	禁煙 금연	消防 소방	檢察 검찰	請求 청구	協助 협조
5B	探究 탐구	快適 쾌적	純眞 순진	虛勢 허세	誤解 오해
	試合 시합	應援 응원	呼吸 호흡	毒素 독소	蟲齒 충치
	非常 비상	暴雪 폭설	配布 배포	移送 이송	細密 세밀
	取得 취득	未滿 미만	貧富 빈부	收益 수익	增減 증감
6A	巨事 거사	季節 계절	起源 기원	甘酒 감주	粉乳 분유
	傾聽 경청	包容 포용	尊敬 존경	討論 토론	拒否 거부
	設置 설치	對稱 대칭	屈折 굴절	段階 단계	推理 추리
	周圍 주위	閑暇 한가	混雜 혼잡	簡略 간략	刻印 각인
6B	勤勞 근로	評判 평판	優勝 우승	專攻 전공	就任 취임
	看護 간호	負傷 부상	危險 위험	頭痛 두통	好轉 호전
	標準 표준	差異 차이	證券 증권	投資 투자	採點 채점
	支持 지지	依存 의존	苦難 고난	脫盡 탈진	歡喜 환희

중요 한자를 학습하고, 한자에서 파생된
전과목 교과서 어휘의 실력을 키워요!

교과서 어휘 학습

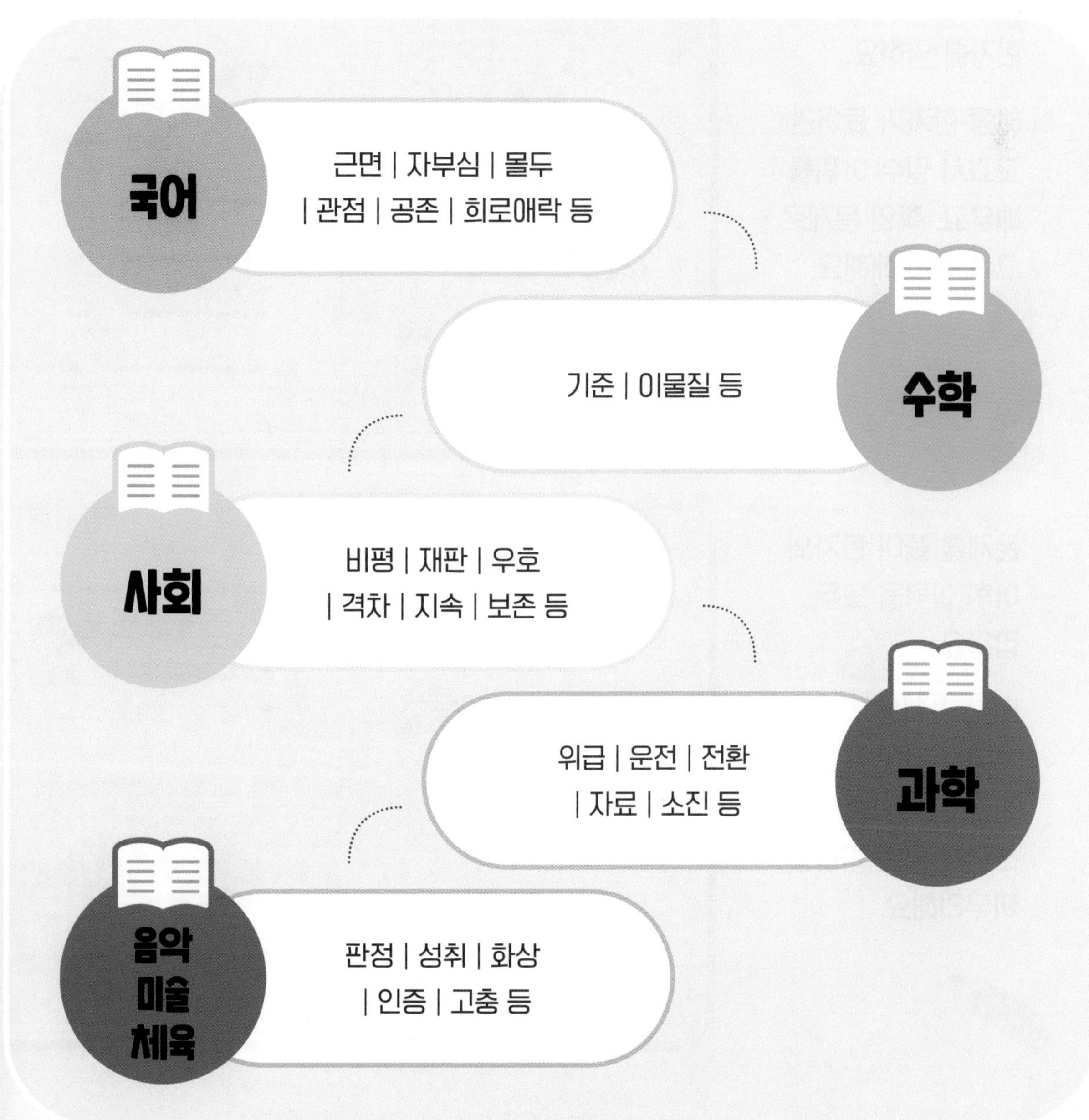

국어
근면 | 자부심 | 몰두 | 관점 | 공존 | 희로애락 등
수학
기준 | 이물질 등
사회
비평 | 재판 | 우호 | 격차 | 지속 | 보존 등
과학
위급 | 운전 | 전환 | 자료 | 소진 등
음악 미술 체육
판정 | 성취 | 화상 | 인증 | 고충 등

특징과 활용법

하루 4쪽 공부하기

* 그림과 간단한 설명으로 오늘 배울 한자를 익혀요.
* 해당 한자가 들어간 교과서 필수 어휘를 배우고, 확인 문제로 그 뜻을 이해해요.

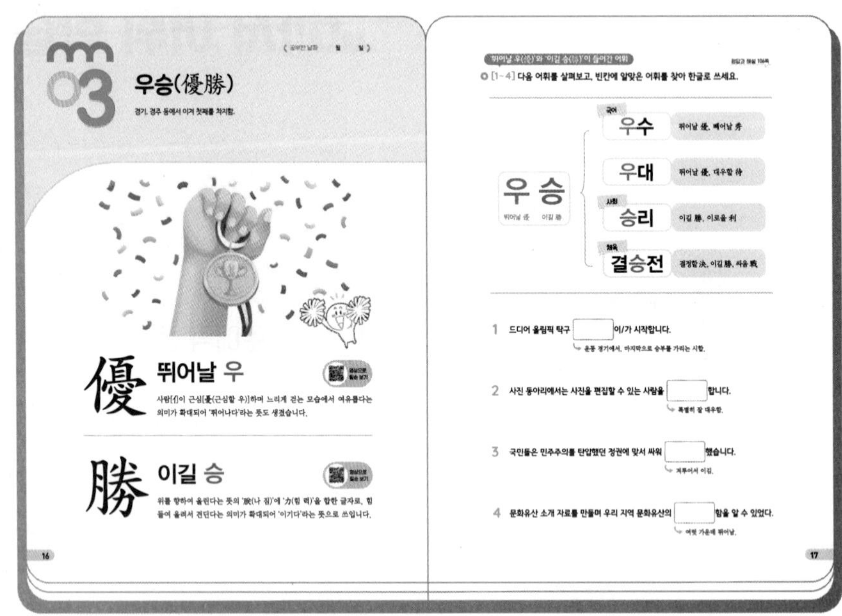
03 우승(優勝)

경기, 경주 등에서 이겨 첫째를 차지함.

優 뛰어날 우

勝 이길 승

우 승

우수

우대

승리

결승전

* 문제를 풀며 한자와 어휘 실력을 모두 잡아요.
* 배운 어휘를 직접 사용해 보며 표현력을 기르고, 한자를 쓰면서 오늘 학습을 마무리해요.

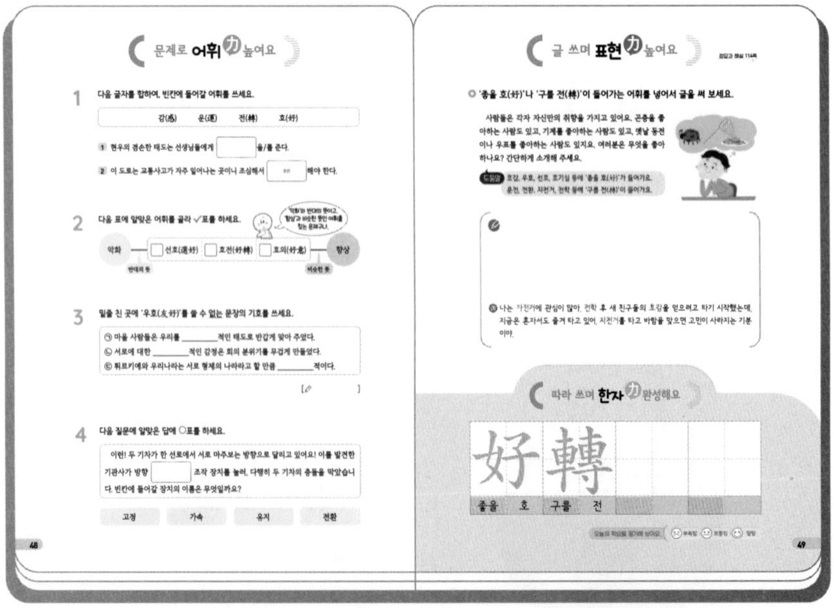

문제로 어휘 力 높여요

글 쓰며 표현 力 높여요

따라 쓰며 한자 力 완성해요

好 轉

- 책으로 하루 4쪽 공부하며, 초등 어휘력을 키워요!
- 모바일앱으로 공부한 내용을 복습하고 몬스터를 잡아요!

공부한 내용 확인하기

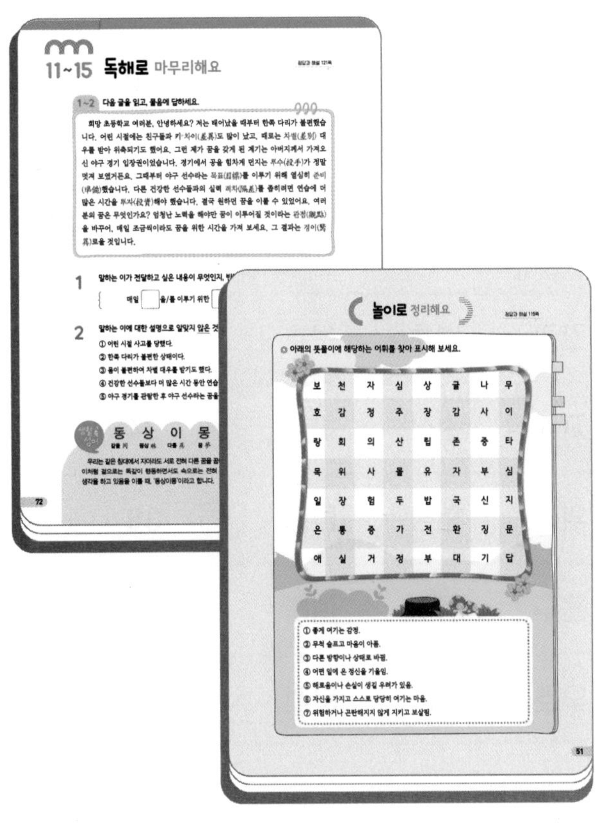

✳ 5일 동안 배운 한자가 포함된 글을 읽고, 문제를 풀면서 독해력을 키워요.

✳ 중요 한자성어를 실생활에서 사용할 수 있도록 배워요.

✳ 다양한 어휘 놀이로 5일 동안 배운 어휘를 재미있게 정리해요.

모바일앱으로 복습하기

앱 다운받기

책 인증하기

✳ 그날 배운 내용을 바로바로, 또는 주말에 모아서 복습하고, 다이아몬드 획득까지! 공부가 저절로 즐거워져요!

차례

일차	한자	어휘				쪽수	공부 확인
01	勤勞 근로	근면	근정전	노동	노사	8	◯
02	評判 평판	평가	비평	재판	판정	12	◯
03	優勝 우승	우수	우대	승리	결승전	16	◯
04	專攻 전공	전용	전문가	공격	침공	20	◯
05	就任 취임	취업	성취	담임	책임	24	◯
01~05	독해로 마무리해요 / 놀이로 정리해요					28	◯
06	看護 간호	간판	간과	변호	보호	30	◯
07	負傷 부상	승부	자부심	손상	화상	34	◯
08	危險 위험	위기	위급	험담	탐험	38	◯
09	頭痛 두통	두각	몰두	통증	애통	42	◯
10	好轉 호전	호감	우호	전환	운전	46	◯
06~10	독해로 마무리해요 / 놀이로 정리해요					50	◯
11	標準 표준	목표	표어	준비	기준	52	◯
12	差異 차이	차별	격차	경이	이물질	56	◯
13	證券 증권	증거	인증	여권	탑승권	60	◯
14	投資 투자	투표	투수	자금	자료	64	◯
15	採點 채점	채택	채집	관점	장점	68	◯
11~15	독해로 마무리해요 / 놀이로 정리해요					72	◯

일차	한자	어휘				쪽수	공부 확인
16	支持 지지	지원	지장	소지품	지속	74	◯
17	依存 의존	의지	의리	보존	공존	78	◯
18	苦難 고난	고생	고충	난민	비난	82	◯
19	脫盡 탈진	이탈	탈수	소진	무진	86	◯
20	歡喜 환희	환영	환호	희극	희로애락	90	◯
16~20	독해로 마무리해요 / 놀이로 정리해요					94	◯

	급수 시험 맛보기	96	◯

한 친구가
작은 습관을 만들었어요.

매일매일의 시간이 흘러
작은 습관은 큰 습관이 되었어요.

큰 습관이 지금은 그 친구를 이끌고
있어요. 매일매일의 좋은 습관은
우리를 좋은 곳으로 이끌어 줄 거예요.

우리도
하루 4쪽 공부 습관!
스스로 공부하는 힘을
키워 볼까요?

근로(勤勞)

부지런히 일함.

勤 부지런할 근

'진흙 근(堇)'과 '힘 력(力)'을 합한 글자로, 진흙을 힘써 다진다는 데서 '부지런하다'를 뜻합니다.

勞 일할 로

'熒(등불 형)'과 '力(힘 력)'을 합하여 밤에도 불을 켜고 일하는 모습을 표현한 글자로, '일하다'를 뜻합니다.

'부지런할 근(勤)'과 '일할 로(勞)'가 들어간 어휘

정답과 해설 104쪽

[1~4] 예문을 보고, 어휘의 알맞은 뜻을 찾아 ✓표를 하세요.

국어

근면 (부지런할 勤, 힘쓸 勉)

허련은 잠깐의 시간도 허투루 쓰지 않는 추사 선생의 근면함에 혀를 내둘렀습니다.

1
- [ ] 게으름을 피움.
- [x] 부지런히 일하며 힘씀.

드라마나 영화에서 벼슬아치가 함께 모여 임금에게 문안을 드리고 정사를 아뢰던 장면을 본 적이 있어? 이러한 일들을 하는 궁전을 '정전'이라고 해.

국어

근정전 (부지런할 勤, 다스릴 政, 큰집 殿)

경복궁에서 가장 웅장한 건물은 '부지런히 나라를 다스리라'는 뜻을 지닌 근정전입니다.

2
- [ ] 경복궁 안에 있는 정전*. 임금이 식사를 하거나 잠을 자던 곳.
- [ ] 경복궁 안에 있는 정전. 임금의 즉위식이나 큰 의식을 거행하던 곳.

사회

노동 (일할 勞, 움직일 動)

공정 무역이란 생산자의 노동에 정당한 대가를 지불하면서 소비자에게는 좀 더 좋은 물건을 공급하는 윤리적인 무역입니다.

3
- [ ] 전문적으로 하는 것이 아니라 즐기기 위하여 하는 일.
- [ ] 필요한 물자를 얻기 위해 육체적, 정신적 노력을 들이는 행위.

사회

노사 (일할 勞, 부릴 使)

근로자와 회사 간의 의견 차이로 노사 갈등이 발생하기도 합니다.

4
- [ ] 판매자와 고객을 아울러 이르는 말.
- [ ] 노동자와 노동자를 고용하는 개인이나 법인을 아울러 이르는 말.

문제로 어휘 力 높여요

1 밑줄 친 어휘의 뜻으로 알맞은 것에 ○표를 하세요.

5월 1일은 <u>근로자</u>의 노고를 위로하고 사기를 북돋워 주기 위하여 '근로자의 날'로 정했습니다. ↳ (부지런히 공부하는 사람. | 부지런히 일하는 사람.)

2 빈칸에 '근(勤)' 자가 들어가는 어휘를 쓰세요.

이 사람은 성실하고 [　　　]한 자세로 맡은 바를 충실히 해냈기에 이 상장을 수여합니다.

3 가로세로 낱말 퍼즐에 들어갈 말을 쓰세요.

노	1
2	

1 가로: 필요한 물자를 얻기 위해 육체적, 정신적 노력을 들이는 행위.
예 그는 ○○의 대가로 임금을 받았다.

2 세로: 노동자와 노동자를 고용하는 개인이나 법인을 아울러 이르는 말.
예 ○○은/는 협상 끝에 서로 합의했다.

4 다음 설명을 참고하여, 빈칸에 사진이 나타내는 장소의 이름을 쓰세요.

➡ 경복궁 [　　　] (서울특별시 종로구)

경복궁의 가장 중심이 되는 건축물로, 나라의 큰 행사 때 이용하던 상징적인 건물이다. 부지런히 나라를 다스리라는 의미를 담고 있다.

글 쓰며 표현力 높여요

정답과 해설 104쪽

‘부지런할 근(勤)’이나 ‘일할 로(勞)’가 들어가는 어휘를 넣어서 글을 써 보세요.

어른이 되어 새로운 사업을 시작한 나의 모습을 상상해 볼까요? 가장 먼저, 함께 일할 사람을 뽑기로 했어요. 우수한 인재들이 많이 들어올 수 있도록, 우리 회사를 소개하는 글을 써 보세요.

도움말 근면, 근무, 출근, 퇴근 등에 ‘부지런할 근(勤)’이 들어가요.
근로, 노동, 노사 등에 ‘일할 로(勞)’가 들어가요.

예 우리 회사는 노동의 양보다 질을 중요하게 생각합니다. 출근은 8시에서 12시 사이에 자유롭게 하시고, 필수 근무 시간 5시간이 지나면 아무 때나 퇴근하실 수 있습니다.

따라 쓰며 한자力 완성해요

勤		勞					
부지런할	근	일할	로				

오늘의 학습을 평가해 보아요. 부족함 보통임 잘함

평판(評判)

세상 사람들의 비평.

評 평할 평

'言(말씀 언)'과 '平(평평할 평)'을 합한 글자로, 공평하게 논한다는 의미에서 '평하다', '평론하다'를 뜻합니다.

判 판단할 판

'半(반 반)'과 '刂(刀, 칼 도)'를 합한 글자로, 칼로 반을 분명하게 나눈다는 데서 '판단하다'를 뜻합니다.

'평할 평(評)'과 '판단할 판(判)'이 들어간 어휘

정답과 해설 105쪽

[1~4] 예문을 보고, 어휘의 알맞은 뜻을 찾아 ✓표를 하세요.

국어

평가
평할 評 값 價

심사 위원이 되어 친구가 쓴 글을 읽고 평가해 봅시다.

1 ☐ 사물의 가격을 조절함.
☑ 사물의 가치나 수준 등을 헤아려 정함.

사회

비평
비평할 批 평할 評

최근 뉴스에 자주 나오는 사회 문제를 모둠 구성원들과 비평해 봅시다.

2 ☐ 둘 이상의 사물을 견주어 보며 유사점, 차이점 등을 말함.
☐ 사물의 옳고 그름, 아름다움, 추함 등을 분석하여 가치를 논함.

사회

재판
옷마를 裁 판단할 判

안중근은 의거 이후 뤼순 감옥에 갇혀 재판을 받았습니다.

3 ☐ 이미 끝난 사건을 다시 한번 판단하는 일.
☐ 소송 사건의 해결을 위해 법원이나 법관이 판단을 내리는 일.

도덕

판정
판단할 判 정할 定

축구 경기에서 심판은 반칙을 엄격하게 판정했습니다.

4 ☐ 판별하여 결정함.
☐ 잘못한 일을 용서함.

문제로 어휘 力 높여요

1 **밑줄 친 '평(評)' 자의 공통된 뜻을 고르세요.**

- **평판(評判)**: 세상 사람들의 비평.
- **품평(品評)**: 물건이나 작품의 좋고 나쁨을 평함.
- **호평(好評)**: 좋게 평함. 또는 그런 평판이나 평가.

① 좋다 ② 나누다 ③ 평하다 ④ 의논하다 ⑤ 지적하다

2 **'판(判)' 자를 넣어, 빈칸에 공통으로 들어갈 어휘를 쓰세요.**

- 약속된 시간이 되자 판사는 [ ] 을/를 시작하였다.
- 조선 시대에는 사형과 같은 무거운 형벌을 내릴 때, 신분과 관계없이 세 번의 [ ] 을/를 거치도록 했다.

[ ]

3 **문장에 알맞은 어휘를 괄호 안에서 골라 ○표를 하세요.**

1 다양한 문학 작품을 (비평 | 비난)하는 문학 평론자가 되고 싶어요.
↳ 사물의 옳고 그름, 아름다움, 추함 등을 분석하여 가치를 논함.

2 우리 지역의 특산품이 드디어 사람들에게 좋은 (가격 | 평가)을/를 받기 시작했다.
↳ 사물의 가치나 수준 등을 헤아려 정함.

4 **밑줄 친 부분과 바꾸어 쓸 수 있는 어휘에 ✓표를 하세요.**

선수들은 최선을 다해 경기를 뛰고 심판의 결정에도 깨끗이 승복했다.

☐ 판정(判定) ☐ 실수(失手) ☐ 추리(推理)

글 쓰며 표현力 높여요

정답과 해설 105쪽

◎ '평할 평(評)'이나 '판단할 판(判)'이 들어가는 어휘를 넣어서 글을 써 보세요.

동화 속 등장인물에 대한 재판이 열렸어요. 내가 법관이 되어 등장인물 중 하나를 골라, 판결을 내려 보세요.

- 선녀의 날개옷을 감춘 나무꾼
- 제비 다리를 일부러 부러뜨린 놀부
- 벼슬을 주겠다고 토끼를 속이고 수궁으로 데려간 자라

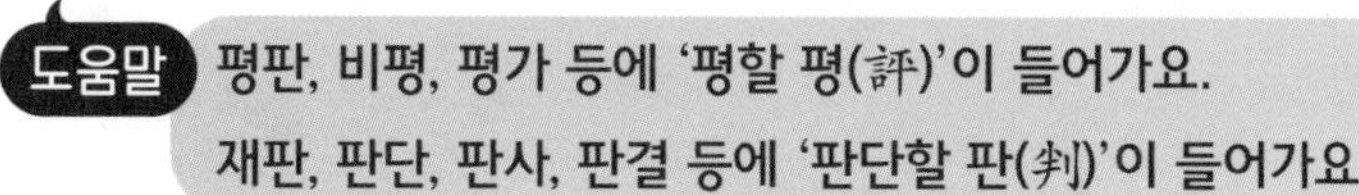

도움말 평판, 비평, 평가 등에 '평할 평(評)'이 들어가요.
재판, 판단, 판사, 판결 등에 '판단할 판(判)'이 들어가요.

예 본 판사는 나무꾼의 행동이 절도죄에 해당할 수 있다고 판단했습니다. 나무꾼은 선녀에게 진심으로 사과하고, 다시는 허락 없이 다른 사람의 물건을 감추지 않겠다는 각서를 쓰도록 판결합니다.

따라 쓰며 한자力 완성해요

오늘의 학습을 평가해 보아요. 부족함 보통임 잘함

우승(優勝)

경기, 경주 등에서 이겨 첫째를 차지함.

優 뛰어날 우

사람[亻]이 근심[憂(근심할 우)]하며 느리게 걷는 모습에서 여유롭다는 의미가 확대되어 '뛰어나다'라는 뜻도 생겼습니다.

勝 이길 승

위를 향하여 올린다는 뜻의 '朕(나 짐)'에 '力(힘 력)'을 합한 글자로, 힘들여 올려서 견딘다는 의미가 확대되어 '이기다'라는 뜻으로 쓰입니다.

‘뛰어날 우(優)’와 ‘이길 승(勝)’이 들어간 어휘

정답과 해설 106쪽

[1~4] 다음 어휘를 살펴보고, 빈칸에 알맞은 어휘를 찾아 한글로 쓰세요.

1 드디어 올림픽 탁구 [ ] 이/가 시작합니다.
↳ 운동 경기에서, 마지막으로 승부를 가리는 시합.

2 사진 동아리에서는 사진을 편집할 수 있는 사람을 [ ] 합니다.
↳ 특별히 잘 대우함.

3 국민들은 민주주의를 탄압했던 정권에 맞서 싸워 [ ] 했습니다.
↳ 겨루어서 이김.

4 문화유산 소개 자료를 만들며 우리 지역 문화유산의 [ ] 함을 알 수 있었다.
↳ 여럿 가운데 뛰어남.

문제로 어휘力 높여요

1 **밑줄 친 '우(優)' 자의 뜻을 고르세요.**

이 상품은 세련된 디자인과 최고의 품질로 인정받은 우수(優秀) 제품입니다.

① 신선하다 ② 색다르다 ③ 뛰어나다 ④ 아름답다 ⑤ 부드럽다

2 **밑줄 친 부분과 바꾸어 쓸 수 있는 어휘에 ✓표를 하세요.**

이번 채용 공고에서는 국가 기술 자격증이 있는 사람을 특별히 잘 대우해서 뽑는다고 하였다.

☐ 기대 ☐ 홀대 ☐ 우대 ☐ 냉대

3 **밑줄 친 어휘의 뜻으로 알맞은 것에 ○표를 하세요.**

1 치열한 경기 끝에, 내일은 결승전이 열리는 날입니다.

↳ 운동 경기에서, (처음 | 마지막)으로 승부를 가리는 시합.

2 너무 긴장한 탓에, 우승을 아깝게 놓치고 말았습니다.

↳ 경기, 경주 등에서 (이겨 첫째를 | 져서 꼴찌를) 차지함.

4 **'승(勝)' 자를 넣어, 빈칸에 공통으로 들어갈 어휘를 쓰세요.**

독립군 부대는 청산리 일대에서 일본군과 약 일주일간 전투를 치렀다. 때로는 지형을 이용하고, 때로는 지혜로운 전술을 써서 마침내 일본군을 무찌르고 크게 [ ]했다. 이는 독립군이 거둔 가장 큰 [ ]였으며, '청산리 대첩'이라고 불린다.

[✎]

글 쓰며 표현力 높여요

정답과 해설 106쪽

◎ '뛰어날 우(優)'나 '이길 승(勝)'이 들어가는 어휘를 넣어서 글을 써 보세요.

사계절 내내 훈련에 매진한 끝에, 드디어 내가 이번 올림픽 국가 대표 선수로 선발되었어요! 올림픽 출전 각오를 묻는 기자에게 나의 마음가짐을 말해 보세요.

도움말 우승, 우대, 우수 등에 '뛰어날 우(優)'가 들어가요.
승리, 결승전, 승부 등에 '이길 승(勝)'이 들어가요.

예 저의 목표는 반드시 결승전에 올라가 우승하는 것입니다. 상대방과 정정당당하게 겨루어 멋진 승부를 펼치고, 기필코 승리를 거두겠습니다. 끝까지 지켜봐 주세요.

따라 쓰며 한자力 완성해요

오늘의 학습을 평가해 보아요. 부족함 보통임 잘함

전공(專攻)

어느 한 분야를 전문적으로 연구함. 또는 그 분야.

專 오로지 전

영상으로 필순 보기

손[寸]으로 실감개[叀]를 돌리며 실을 감는 것을 표현한 글자로, 실을 한 방향으로 집중해서 감는 데서 '오로지'를 뜻합니다.

攻 칠 공

'工(장인 공)'에 '攵(칠 복)'을 합한 글자로, 무언가를 세차게 공격한다는 데서 '치다', '(학문을)닦다'를 뜻합니다.

'오로지 전(專)'과 '칠 공(攻)'이 들어간 어휘

정답과 해설 107쪽

[1~4] 다음 어휘를 살펴보고, 빈칸에 알맞은 어휘를 찾아 한글로 쓰세요.

1 1950년 6월 25일, 북한군이 38도선 이남을 [ ] 했습니다.

다른 나라를 침범하여 공격함.

2 [ ] 의 의견을 예로 들어 주장에 대한 근거를 설명했습니다.

어떤 분야를 연구하거나 그 일에 종사하여 그 분야에 상당한 지식과 경험을 가진 사람.

3 남한산성은 지형이 험준해서* 적의 [ ] 을/를 방어하는 데 유리합니다.

① 나아가 적을 침.
② 운동 경기나 오락에서 상대편을 이기기 위한 행동.

'험준하다'는 땅의 생긴 모양이 험하고 높고 가파르다는 뜻이야.

4 음식물 쓰레기는 수거함에 버리거나 [ ] 종량제 봉투에 담아 버립니다.

특정한 목적으로 일정한 부문에만 한하여 씀.

1 밑줄 친 어휘의 뜻으로 알맞은 것에 ○표를 하세요.

1 자신의 적성에 맞는 전공을 선택하는 것이 중요합니다.

↳ (어느 한 분야 | 여러 분야)를 전문적으로 연구함.

2 우리 시에서는 버스 전용 차로제로 교통 문제를 해소하고 있습니다.

↳ 특정한 목적으로 (다양한 부문에 두루 | 일정한 부문에만 한하여) 씀.

2 밑줄 친 어휘의 뜻에 ✓표를 하세요.

'빅데이터 전문가'는 방대한 양의 자료를 분석하여, 사람들의 행동이나 시장의 변화를 파악하고, 도움이 되는 정보를 제공하는 직업입니다.

- ☐ 건물이나 기계의 내부를 설계하는 사람.
- ☐ 어떤 분야에 상당한 지식과 경험을 가진 사람.
- ☐ 그 분야나 일에 종사한 지 얼마 되지 않은 사람.

3 '공(攻)' 자를 넣어, 빈칸에 공통으로 들어갈 어휘를 쓰세요.

- 우리 팀은 경기 초반부터 적극적으로 ☐ 을/를 펼쳤다.
- 이순신 장군은 적을 ☐ 해 적군의 배를 거의 다 부수었다.

[✎]

4 밑줄 친 부분과 바꾸어 쓸 수 있는 어휘에 ✓표를 하세요.

고려인들은 자신들의 영토를 침범하여 공격한 몽골을 부처의 힘으로 이겨내고자 '팔만대장경'을 만들었습니다.

☐ 병합 ☐ 침공 ☐ 동맹 ☐ 멸망

글 쓰며 표현力 높여요

정답과 해설 107쪽

'오로지 전(專)'이나 '칠 공(攻)'이 들어가는 어휘를 넣어서 글을 써 보세요.

미래 사회에서 인류는 많은 위기와 직면하게 될 거예요. 전쟁, 전염병, 환경 오염……. 여러분이 천재 과학자가 되었다고 생각하고, 절체절명의 위기로부터 인류를 구원할 방법을 고민해 보세요.

전공, 전용, 전념, 전문가 등에 '오로지 전(專)'이 들어가요.
공격, 침공, 공략 등에 '칠 공(攻)'이 들어가요.

예 저는 사람들의 생명을 위협하는 바이러스를 연구하는 전문가가 되어 바이러스의 침공으로부터 인류를 지키는 일에 전념할 거예요. 한 알만 먹으면 몸속에 침투한 바이러스를 찾아내 공격하는 만능 알약을 개발하겠습니다.

따라 쓰며 한자力 완성해요

오늘의 학습을 평가해 보아요. 부족함 보통임 잘함

취임(就任)

새로운 직무를 수행하기 위하여 맡은 자리에 처음으로 나아감.

就 나아갈 취

높은 건물을 본뜬 모양인 '京(서울 경)'과 '尤(더욱 우)'를 합한 글자로, 더욱 높은 곳으로 '나아가다', '이루다'를 뜻합니다.

任 맡길 임

'亻(人, 사람 인)'과 '壬(천간 임)'을 합하여 사람이 무언가를 짊어진 모습을 표현한 글자로, '맡기다'를 뜻합니다.

'나아갈 취(就)'와 '맡길 임(任)'이 들어간 어휘

정답과 해설 108쪽

[1~4] 예문을 보고, 어휘의 알맞은 뜻을 찾아 ✓표를 하세요.

사회

취업 (나아갈 就 / 직업 業)

다른 나라와의 교류가 활발해지면서 외국 기업에 취업하려는 사람들이 많아졌다.

1 ☑ 일정한 직업을 잡아 직장에 나감.
☐ 기업이나 사업 등을 관리하고 운영함.

'감'은 어떠한 말의 뒤에 붙어 '느낌'의 뜻을 더해 주는 역할을 해. '성취감'이라고 하면 '성취를 느낌.'이라는 의미가 되겠지?

실과

성취 (이룰 成 / 나아갈 就)

생활 소품을 직접 만드는 과정에서 즐거움과 성취감*을 느낄 수 있습니다.

2 ☐ 목적한 바를 이룸.
☐ 목적한 바를 그르침.

체육

담임 (맡을 擔 / 맡길 任)

학교에서 안전사고가 일어났을 때에는 담임 선생님이나 보건 선생님께 바로 알려야 해요.

3 ☐ 학교의 으뜸 직위에 있는 사람.
☐ 어떤 학급이나 학년을 책임지고 맡아봄. 또는 그런 사람.

실과

책임 (책임 責 / 맡길 任)

애완동물을 돌볼 때에는 생명을 존중하고 책임감 있게 보살피는 자세가 필요합니다.

4 ☐ 요구할 수 있는 힘이나 자격.
☐ 맡아서 해야 할 임무나 의무. 또는 결과에 대하여 지는 의무나 부담.

문제로 어휘 力 높여요

1 **'임(任)' 자를 넣어, 빈칸에 공통으로 들어갈 어휘를 쓰세요.**

- 그는 이번 사태에 대한 [　　　] 을/를 지기 위해 자리에서 물러났다.
- 정당한 방법으로 자신의 권리를 주장하고 [　　　] 을/를 다합니다.

[✎ 　　　　]

2 **밑줄 친 어휘의 뜻을 보기에서 골라 기호를 쓰세요.**

보기
㉠ 일정한 직업을 잡아 직장에 나감.
㉡ 새로운 직무를 수행하기 위하여 맡은 자리에 처음으로 나아감.

1 대통령이 <u>취임</u>하는 날, 국내외 수많은 인사가 모였습니다. [✎ 　　　　]

2 나는 기계 공학과를 졸업한 후 자동차 회사에 <u>취업</u>했습니다. [✎ 　　　　]

3 **밑줄 친 부분과 뜻이 비슷한 어휘에 ✓표를 하세요.**

선수들은 세계 최고 신기록이라는 <u>목표를 달성하고</u> 뜨거운 눈물을 흘렸다.

☐ 성취 ☐ 해결 ☐ 권리 ☐ 의무

4 **빈칸에 '임(任)' 자가 들어가는 어휘를 쓰세요.**

교장 선생님: 6학년 5반을 <u>책임지고 맡아 주실</u> 박주용 선생님을 소개합니다.

박 선생님: 안녕하세요. 6학년 5반 [　　　] 박주용이라고 합니다. 앞으로 1년 동안 잘 지내봅시다.

글 쓰며 표현力 높여요

정답과 해설 108쪽

‘나아갈 취(就)’나 ‘맡길 임(任)’이 들어가는 어휘를 넣어서 글을 써 보세요.

어른이 된 나는 오랫동안 꿈꾸던 회사에 입사했어요. 그리고 그 회사에서 열심히 일한 결과, 회사의 대표 이사까지 될 수 있었죠! 대표 이사로서 앞으로 회사를 어떻게 경영할 것인지 직원들 앞에서 각오를 밝혀 보세요.

취임, 취업, 성취, 취직 등에 ‘나아갈 취(就)’가 들어가요.
담임, 책임, 임무, 임직원 등에 ‘맡길 임(任)’이 들어가요.

예 대표 이사로 취임하게 되어 막중한 책임을 느낍니다. 각자가 자신의 임무를 충실히 해내 세계적인 기업으로 나아가자는 목표를 성취합시다. 임직원 여러분과 마찬가지로, 저도 제 자리에서 최선을 다할 것을 약속합니다.

따라 쓰며 한자力 완성해요

오늘의 학습을 평가해 보아요. 부족함 보통임 잘함

01~05 독해로 마무리해요

정답과 해설 109쪽

1~2 다음 글을 읽고, 물음에 답하세요.

전태일은 1948년 가난한 집안에서 태어나, 어린 시절부터 가족의 생계를 책임(責任)져야 했습니다. 17세에는 평화 시장의 학생복을 만드는 회사에 취업(就業)하고 근면(勤勉)하게 일하여 재단사까지 되었습니다. 이 과정에서 오랜 시간 일하면서도 낮은 임금을 받는 열악한 노동(勞動) 환경을 목격하고, 노동 운동을 하기 시작했습니다. 전태일은 노동 실태를 조사하고, 노동청에 진정서를 제출하는 등 근로자의 대우를 개선하기 위해 투쟁했습니다. 그러다 끝내 1970년 11월 13일 평화 시장 앞에서 '우리는 기계가 아니다. 근로(勤勞) 기준법을 준수하라.'라고 외치면서, 죽음으로 부당한 현실을 고발했습니다. 그는 생전에 그가 바라는 바를 성취(成就) 하지는 못했지만, 지금까지 우리나라의 노동 환경 변화에 크게 이바지한 인물로 평가(評價)를 받습니다.

1 이 글을 토대로 '전태일'의 묘지명을 만들 때, 빈칸에 들어갈 말을 쓰세요.

전태일, ☐☐ 환경 변화를 위해 싸우다 잠들다

2 '전태일'이 요구한 사항으로 알맞은 것을 고르세요.

① 빈부 격차를 해소하라.
② 근로 기준법을 준수하라.
③ 시위의 자유를 보장하라.
④ 장시간 노동을 보장하라.
⑤ 공장 기계 가동을 중단하라.

생활 속 성어
승 승 장 구
탈 乘 이길 勝 긴 長 몰 驅

싸움에서 이긴 기세를 타고 계속해서 적을 몰아친다는 뜻입니다. 경쟁에서 계속해서 좋은 성적을 거두거나 운동 경기에서 계속해서 이길 때 주로 쓰는 표현입니다.

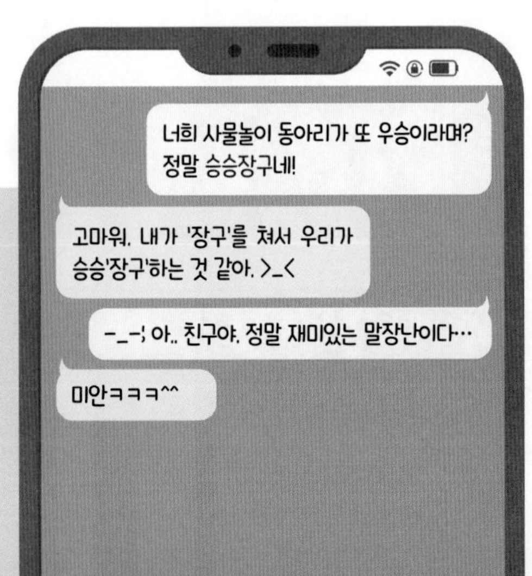

너희 사물놀이 동아리가 또 우승이라며? 정말 승승장구네!
고마워. 내가 '장구'를 쳐서 우리가 승승'장구'하는 것 같아. >_<
-_-; 아.. 친구야. 정말 재미있는 말장난이다…
미안ㅋㅋㅋ^^

놀이로 정리해요

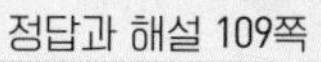
정답과 해설 109쪽

● 뜻풀이와 초성을 단서로 어휘를 완성하며 징검다리를 건너 보세요.

세상 사람들의 비평.
ㅍ ㅍ(評判)

경기, 경주 등에서
이겨 첫째를 차지함.
ㅇ ㅅ(優勝)

일정한 직업을 잡아
직장에 나감.
ㅊ ㅇ(就業)

어느 한 분야를
전문적으로 연구함. 또는 그 분야.
ㅈ ㄱ(專攻)

부지런히 일함.
ㄱ ㄹ(勤勞)

간호(看護)

다쳤거나 앓고 있는 환자나 노약자를 보살피고 돌봄.

看 볼 간

'手(손 수)'와 '目(눈 목)'을 합한 글자로, 눈 위에 손을 갖다 대고 살펴본다는 데서 '보다'를 뜻합니다.

護 도울/보호할 호

새를 손으로 잡는 모습을 그린 '蒦(자 확)'과 '言(말씀 언)'을 합한 글자로, 누군가를 붙잡아 지킨다는 의미에서 '돕다', '보호하다'를 뜻합니다.

'볼 간(看)'과 '도울/보호할 호(護)'가 들어간 어휘

정답과 해설 110쪽

[1~4] 예문을 보고, 어휘의 알맞은 뜻을 찾아 ✓표를 하세요.

국어

간판 (볼 看, 널빤지 板)

우리말이 있는데도 영어를 그대로 간판에 사용하는 경우가 있다.

1
- [ ] 벽이나 게시판에 붙여 널리 알리는 글.
- [x] 상점이나 기관의 이름을 사람들이 쉽게 볼 수 있게 걸거나 붙인 판.

간과 (볼 看, 지날 過)

인물의 몸짓을 살피는 것만으로는 인물의 마음을 온전히 알기 어렵다는 것을 간과해서는 안 된다.

2
- [ ] 큰 관심 없이 대강 보아 넘김.
- [ ] 어떤 것에 마음이 이끌려 주의를 기울임.

도덕

변호 (말씀 辯, 도울 護)

그는 어려운 처지의 여성들을 변호하면서 여성의 인권을 억압하는 가족법이 개정되도록 하였습니다.

3
- [ ] 옳고 그름이나 선악을 판단하여 결정함.
- [ ] 남의 이익을 위하여 변명하고 감싸서 도와줌.

사회

보호 (지킬 保, 보호할 護)

법은 개인의 생명이나 재산을 보호해 준다.

4
- [ ] 다른 사람에게 받은 은혜를 갚음.
- [ ] 위험하거나 곤란해지지 않게 지키고 보살핌.

문제로 어휘 力 높여요

1 **다음 문장에 알맞은 어휘를 괄호 안에서 골라 ○표를 하세요.**

가게를 알리는 (간판 | 명함)을 일정한 크기로 맞춰 걸어 놓으니, 거리가 한결 정돈되었다.

2 **밑줄 친 어휘와 바꾸어 쓸 수 있는 어휘에 ✓표를 하세요.**

형은 밤새 어머니를 정성껏 <u>간호</u>했다.

□ 간수　□ 간직　□ 간병　□ 간섭

3 **다음 어휘와 뜻이 비슷하거나 반대인 어휘에 ○표를 하세요.**

4 **'간(看)' 자를 넣어, 빈칸에 들어갈 어휘를 쓰세요.**

몸의 이상 신호를 [　　　　]하면 더 큰 질병으로 이어질 수 있다.

글 쓰며 표현力 높여요

정답과 해설 110쪽

'볼 간(看)'이나 '도울/보호할 호(護)'가 들어가는 어휘를 넣어서 글을 써 보세요.

"야옹, 야아옹~" 여기 고양이 한 마리가 다리를 다쳐서 움직이지 못하고 힘없이 울고 있어요. 사람들은 안쓰러운 눈길로 잠시 쳐다볼 뿐, 제 갈 길을 갑니다. 이 고양이를 위해 내가 무엇을 할 수 있을까요?

도움말 간판, 간과, 간파, 간병 등에 '볼 간(看)'이 들어가요.
보호, 간호, 수호 등에 '도울/보호할 호(護)'가 들어가요.

예 저는 주변에 동물 병원 간판을 찾아보고, 고양이를 데려가 치료를 받게 할래요. 그리고 고양이를 집으로 데려와 간호해 주고 싶어요. 부모님도 아픈 동물을 간과하지는 않으실 테니까요.

따라 쓰며 한자力 완성해요

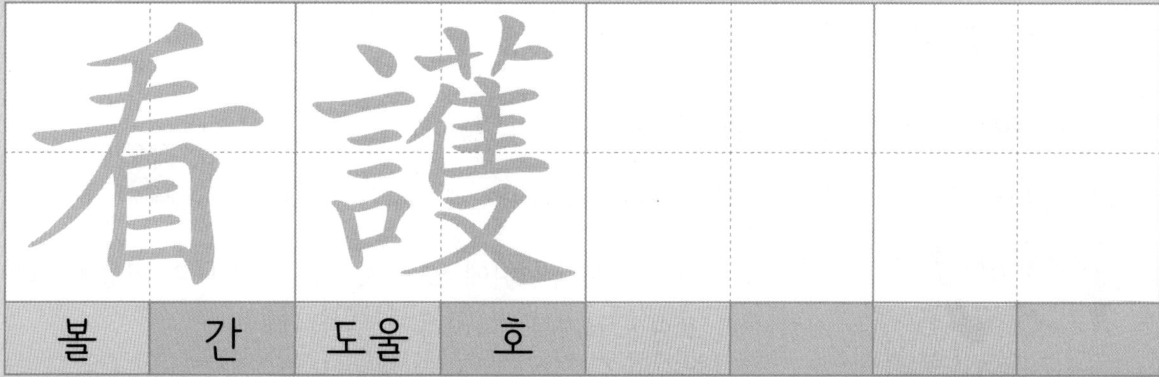

오늘의 학습을 평가해 보아요. 부족함 보통임 잘함

부상(負傷)

몸에 상처를 입음.

負 질 부

허리를 굽힌 사람을 그린 글자[⺈]에 재물을 뜻하는 '貝(조개 패)'를 합한 글자로, 사람이 재물을 메어 나르는 모습에서 '(짐을)지다'를 뜻합니다.

傷 다칠 상

화살[𠂉]을 맞아 뜨거운 볕[昜]에 있는 것처럼 열이 나며 고통을 느끼는 사람[亻]을 표현한 글자로, '다치다'를 뜻합니다.

'負(질 부)'와 '傷(다칠 상)'이 들어간 어휘

정답과 해설 111쪽

[1~4] 다음 어휘를 살펴보고, 빈칸에 알맞은 어휘를 찾아 한글로 쓰세요.

1 [ ] 을/를 입었을 때에는 우선 흐르는 찬물에 대어 열기를 뺀다.

↳ 불이나 뜨거운 열에 데어서 상함. 또는 그 상처.

2 소방관은 생명을 구하는 직업이므로, 큰 [ ] 을/를 가질 수 있다.

↳ 자신을 가지고 스스로 당당히 여기는 마음.

3 '스프링 지퍼'는 옷감이 [ ] 되는 것을 쉽게 해결할 수 있는 발명품입니다.

↳ 물체가 깨지거나 상함. 또는 품질이 변하여 나빠짐.

4 스피드 스케이팅은 선수들이 얼음판 위에서 [ ] 을/를 겨루는 경기입니다.

↳ 운동 경기나 일 등에서 이기는 것과 지는 것.

문제로 어휘 力 높여요

1 다음 뜻을 가진 어휘를 고르세요.

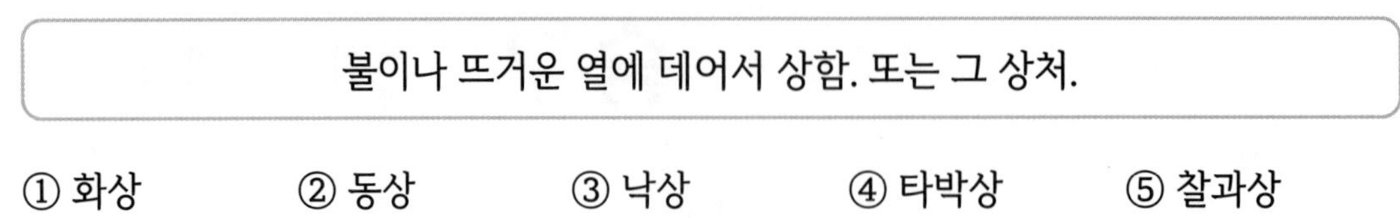
불이나 뜨거운 열에 데어서 상함. 또는 그 상처.

① 화상 ② 동상 ③ 낙상 ④ 타박상 ⑤ 찰과상

2 다음 어휘와 비슷한 뜻인 어휘에 ○표를 하세요.

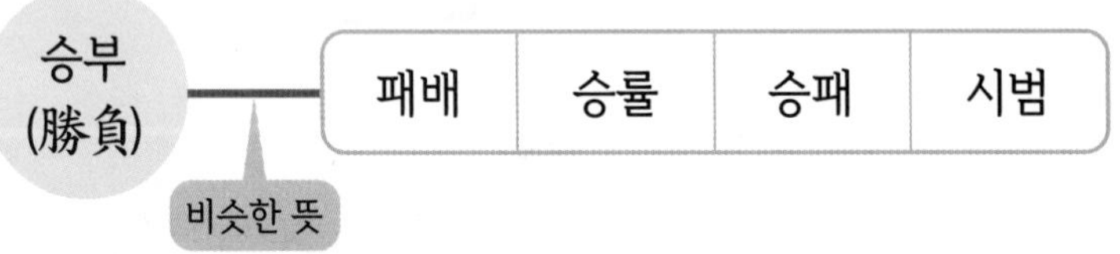

3 빈칸에 들어갈 어휘를 보기에서 골라 쓰세요.

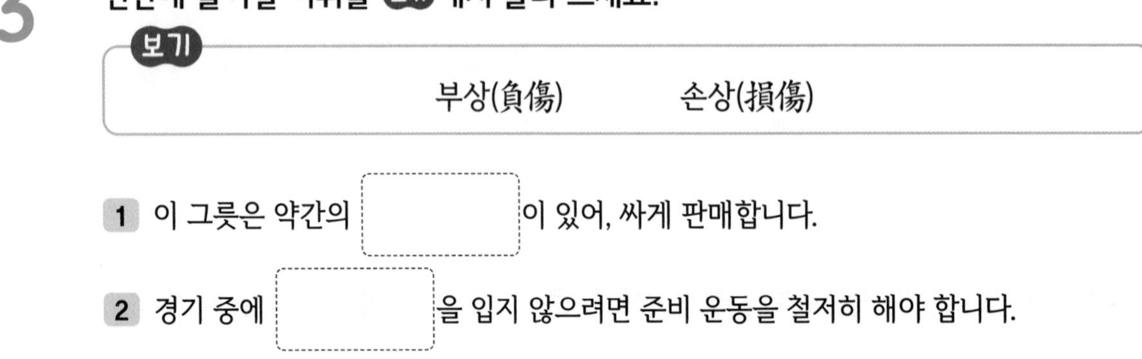
보기

부상(負傷) 손상(損傷)

1 이 그릇은 약간의 [ ]이 있어, 싸게 판매합니다.

2 경기 중에 [ ]을 입지 않으려면 준비 운동을 철저히 해야 합니다.

4 '자부심(自負心)'이 알맞게 쓰이지 않은 문장을 고르세요.

① 그는 최고의 기술자라는 자부심을 가지고 일을 했다.

② 아저씨는 직장에서 능력을 인정받았다는 자부심이 대단했다.

③ 우리나라의 빛나는 전통문화에 대해 자부심을 가져야 합니다.

④ 잘 알지도 못하면서 잘난 척을 했던 일이 떠올라 자부심을 느꼈다.

⑤ 우리나라 가수가 세계적으로 인기를 끈다는 기사를 보고 자부심을 느꼈다.

글 쓰며 표현力 높여요

정답과 해설 111쪽

'질 부(負)'나 '다칠 상(傷)'이 들어가는 어휘를 넣어서 글을 써 보세요.

내게는 다섯 살인 동생이 있어요. 장난꾸러기 동생은 어떤 것이 위험한지, 무엇을 주의해야 하는지 잘 몰라서 크고 작은 부상을 입는 경우가 종종 있어요. 동생이 다치지 않도록 일상 생활 속에서 주의할 점을 일러 줄까요?

도움말 부상, 자부심, 부담 등에 '질 부(負)'가 들어가요.
상처, 화상, 손상, 중상 등에 '다칠 상(傷)'이 들어가요.

예 주방에는 위험한 물건이 많아서 상처를 입기 쉬워. 특히 물이 끓고 있는 냄비나 주전자를 만지면 화상을 입을 수 있으니, 절대 그 주변으로 가면 안 돼. 알겠지?

따라 쓰며 한자力 완성해요

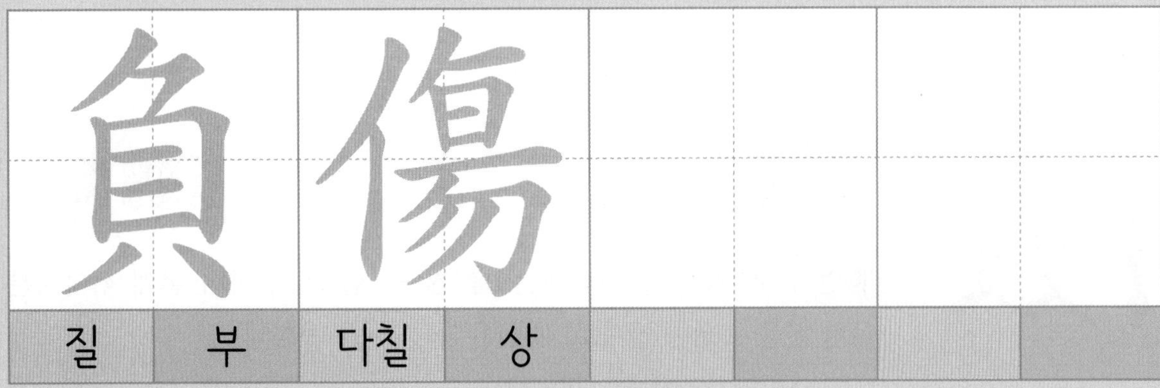

負	傷		
질 부	다칠 상		

오늘의 학습을 평가해 보아요. 부족함 보통임 잘함

위험(危險)

해로움이나 손실이 생길 우려가 있음.

危 위태할 위

기슭 아래로 사람이 굴러떨어진 모습을 표현한 '卮(재앙 액)' 위에 사람[⺈]을 합한 글자로, '위태롭다'를 뜻합니다.

險 험할 험

'阝(언덕 부)'와 음을 나타내는 '僉(첨 → 험)'이 합하여 본래 깎아지른 듯한 산을 표현한 글자로, 지금은 '험하다'를 뜻합니다.

'危(위태할 위)'와 '險(험할 험)'이 들어간 어휘

정답과 해설 112쪽

[1~4] 다음 어휘를 살펴보고, 빈칸에 알맞은 어휘를 찾아 한글로 쓰세요.

1 친구를 [ ]하는 것은 좋지 않아.

↳ 남의 흠을 들추어 헐뜯음. 또는 그런 말.

2 나는 모르는 곳을 [ ]하기를 좋아한다.

↳ 위험을 무릅쓰고 어떤 곳을 찾아가서 살펴보고 조사함.

3 환경 오염, 사람들의 욕심으로 많은 동물이 멸종 [ ]에 처해 있다.

↳ 아슬아슬한 순간이나 고비.

4 [ ]할 때 순식간에 부풀어 오르는 구명조끼에 이산화 탄소가 이용된다.

↳ 일의 상황이나 상태가 위태롭고 급함.

1 밑줄 친 어휘와 뜻이 반대인 어휘를 고르세요.

위험한 장소에 함부로 들어가면 안 된다.

① 위태 ② 안전 ③ 위협 ④ 손실 ⑤ 불안

2 다음 어휘와 비슷한 뜻인 어휘에 ○표를 하세요.

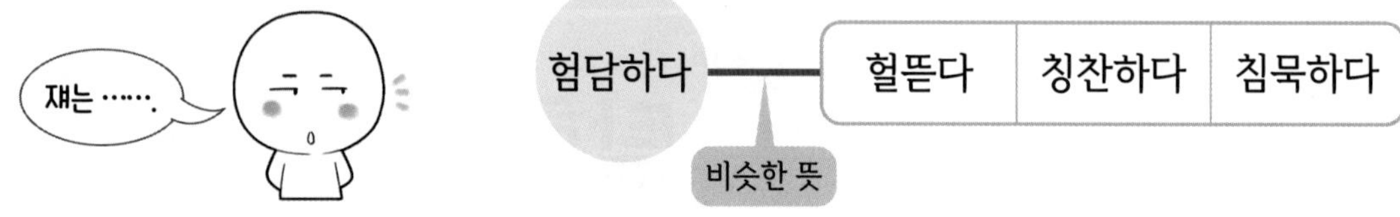

3 다음 문장에 알맞은 어휘를 괄호 안에서 골라 ○표를 하세요.

1 구급차가 출동하여 (위엄 | 위급)한 환자를 병원으로 신속하게 옮겼다.

2 우리 조상들은 함께 힘을 합쳐 나라의 (위기 | 위상)을/를 극복하자는 결의를 다졌다.

4 밑줄 친 '험' 자가 다음 한자로 쓰인 문장의 기호를 쓰세요.

㉠ 공연을 본 경험을 이야기해 보세요.
㉡ 음악 시험 준비를 위해 악기 연습을 합니다.
㉢ 우리 모둠에서 세운 실험 계획을 이야기해 봅시다.
㉣ 삼촌은 동굴을 탐험하던 중에 희귀한 박쥐를 발견했습니다.

[ ]

글 쓰며 표현力 높여요

정답과 해설 112쪽

◎ '위태할 위(危)'나 '험할 험(險)'이 들어가는 어휘를 넣어서 글을 써 보세요.

여러분은 모험 이야기를 좋아하나요? 만약 내가 책이나 영화 속 주인공이 되어 신비한 세상을 직접 모험하게 되었다면, 어떤 일이 펼쳐지기를 바라는지 써 보세요.

위험, 위기, 위급, 위태 등에 '위태할 위(危)'가 들어가요.
탐험, 모험, 험난, 험준 등에 '험할 험(險)'이 들어가요.

예 내가 찾은 세상은 악당들이 선량한 시민들을 괴롭히고 있었어요. 사람들이 위험에 빠진 순간! 제가 초능력을 발휘해서 위기에서 구해주고, 시민들은 험난한 생활에서 벗어났답니다. 정말 재미있는 모험이었어요.

따라 쓰며 한자力 완성해요

오늘의 학습을 평가해 보아요. 부족함 보통임 잘함

두통(頭痛)

머리가 아픈 증세.

頭 머리 두

뜻을 나타내는 '頁(머리 혈)'과 음을 나타내는 '豆(콩 두)'가 합한 글자로, '머리'를 뜻합니다.

痛 아플 통

병들어 누워 있는 사람[疒]이 느끼는 몸을 꿰뚫고 나가는 듯[甬]한 아픔을 표현한 글자로, '아프다', '괴롭다'를 뜻합니다.

'머리 두(頭)'와 '아플 통(痛)'이 들어간 어휘

정답과 해설 113쪽

[1~4] 예문을 보고, 어휘의 알맞은 뜻을 찾아 ✓표를 하세요.

두각 (머리 頭 / 뿔 角)

피터 클라크는 콜라주 분야에서 두각을 나타내고 있는 영국의 작가이다.

1
- [x] 여럿 가운데 특히 뛰어남.
- [ ] 모나거나 튀지 않고 둥그스름함.

국어

몰두 (빠질 沒 / 머리 頭)

석주명은 언제 어디에서나 오직 나비만을 생각하며 연구에 몰두했습니다.

2
- [ ] 어떤 일에 온 정신을 기울임.
- [ ] 마음이 한곳에 있지 않고 어수선함.

음악

통증 (아플 痛 / 증세 症)

생활 속에서 음악을 듣고 통증이 줄어든 경험을 떠올려 봅시다.

3
- [ ] 아픔을 느낌.
- [ ] 귀찮아 싫은 느낌.

애통 (슬플 哀 / 아플 痛)

이른 나이에 세상을 떠난 화가를 보고 사람들은 애통해했다.

4
- [ ] 몹시 걱정하며 불안함.
- [ ] 무척 슬프고 마음이 아픔.

문제로 어휘 力 높여요

1 밑줄 친 어휘 중, '머리 두(頭)'가 쓰인 어휘를 쓰세요.

언니는 상한 두유를 먹고, 잦은 구토와 두통 증상으로 온종일 힘들어했다.

[✎]

2 빈칸에 공통으로 들어갈 어휘에 ○표를 하세요.

• 진수는 올해 수영 대회에서 ________을/를 나타내고 있다.
• 어린 주몽은 활을 다루는 데에도 남다른 ________을/를 보였다.

서두 | 염두 | 두각 | 두상

3 밑줄 친 글자가 다음 한자로 쓰인 어휘를 고르세요.

① 통과 ② 통증 ③ 혈통
④ 통일 ⑤ 전통

4 밑줄 친 말과 바꾸어 쓸 수 있는 어휘에 ○표를 하세요.

1 애통하게도 이번 폭우로 피해를 입은 농민들이 많다.
(슬프게도 | 어렵게도 | 아깝게도)

2 선생님은 연구에 몰두하시느라 배고픔도 잊으신 듯했다.
(시작 | 전념 | 침몰)

글 쓰며 표현力 높여요

정답과 해설 113쪽

◎ '머리 두(頭)'나 '아플 통(痛)'이 들어가는 어휘를 넣어서 글을 써 보세요.

나는 아픈 사람을 도와주는 의사예요. 그런데 어느 날 진료실 문을 열고, 한 사람이 인상을 찌푸리며 들어오는 게 아니겠어요? 이 환자가 뭐라고 얘기할지 상상하여 써 보세요.

도움말 두통, 몰두, 두뇌, 염두 등에 '머리 두(頭)'가 들어가요.
통증, 고통, 진통제, 분통 등에 '아플 통(痛)'이 들어가요.

예 목덜미에 통증이 심해져서 왔어요. 모험 이야기에 몰두한 나머지, 한참을 고개 숙인 채로 책을 읽어서 그런 걸까요? 목 운동을 해도 고통이 사라지지 않아요. 저 좀 도와주세요.

따라 쓰며 한자力 완성해요

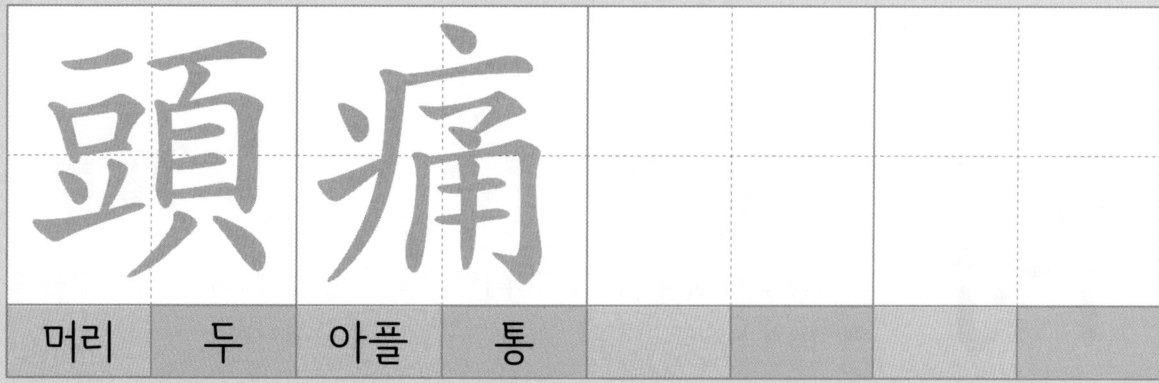

오늘의 학습을 평가해 보아요. 부족함 보통임 잘함

호전(好轉)

나쁘던 상태가 좋아짐.

好 좋을 호

'女(여자 녀)'와 '子(아들 자)'를 합한 글자로, 어머니인 여성[女]이 아이[子]를 안고 있는 모습에서 '좋다'를 뜻합니다.

轉 구를 전

바퀴를 굴려 움직이는 수레[車]와 오로지 한 방향으로만 실을 감는 실패[叀]의 모습을 합하여, '돌다', '구르다'를 뜻합니다.

'好(좋을 호)'와 '轉(구를 전)'이 들어간 어휘

정답과 해설 114쪽

[1~4] 다음 어휘를 살펴보고, 빈칸에 알맞은 어휘를 찾아 한글로 쓰세요.

1 태양 전지*에서 태양의 빛 에너지는 전기 에너지로 [　　　　] 된다.
↳ 다른 방향이나 상태로 바뀜.

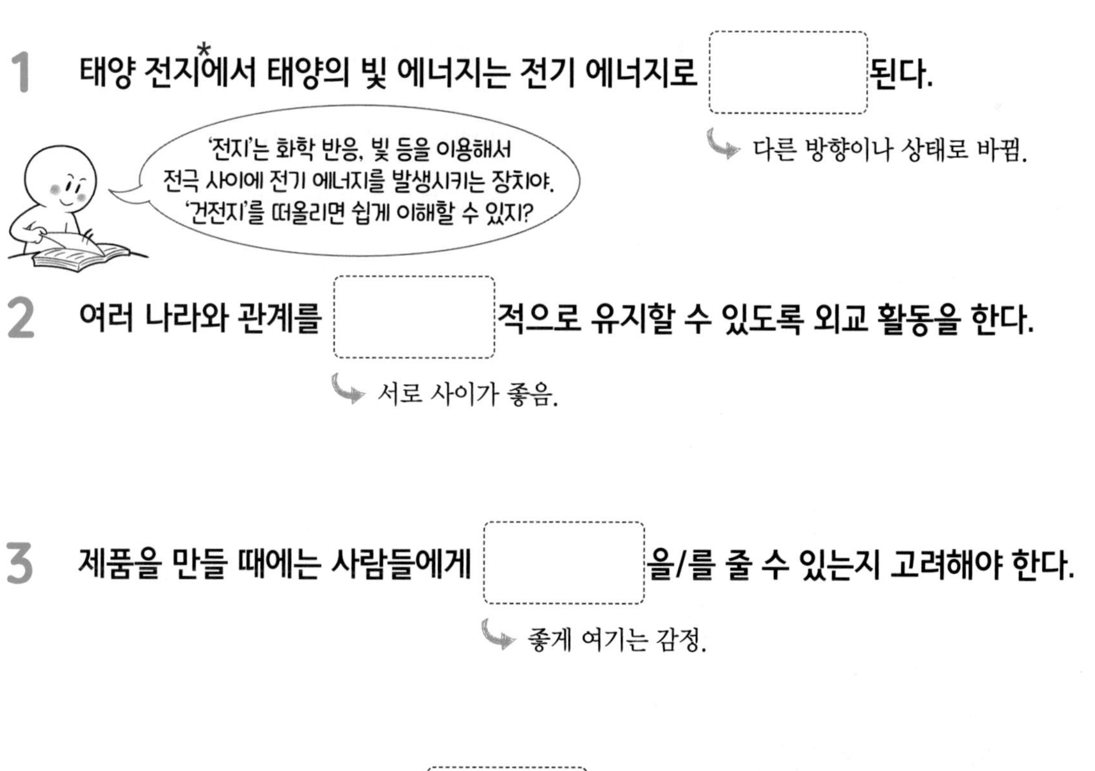

'전지'는 화학 반응, 빛 등을 이용해서
전극 사이에 전기 에너지를 발생시키는 장치야.
'건전지'를 떠올리면 쉽게 이해할 수 있지?

2 여러 나라와 관계를 [　　　　] 적으로 유지할 수 있도록 외교 활동을 한다.
↳ 서로 사이가 좋음.

3 제품을 만들 때에는 사람들에게 [　　　　] 을/를 줄 수 있는지 고려해야 한다.
↳ 좋게 여기는 감정.

4 어린이 보호 구역에서 차를 [　　　　] 할 때에는 속력을 30km/h 이하로 줄인다.
↳ 차나 기계를 움직이고 조정함.

문제로 어휘力 높여요

1 다음 글자를 합하여, 빈칸에 들어갈 어휘를 쓰세요.

감(感) 운(運) 전(轉) 호(好)

1 현우의 겸손한 태도는 선생님들에게 [ ] 을/를 준다.

2 이 도로는 교통사고가 자주 일어나는 곳이니 조심해서 [ ] 해야 한다.

2 다음 표에 알맞은 어휘를 골라 ✓표를 하세요.

'악화'와 반대의 뜻이고, '향상'과 비슷한 뜻인 어휘를 찾는 문제구나.

악화	□ 선호(選好)	□ 호전(好轉)	□ 호의(好意)	향상

반대의 뜻 (악화) / 비슷한 뜻 (향상)

3 밑줄 친 곳에 '우호(友好)'를 쓸 수 <u>없는</u> 문장의 기호를 쓰세요.

㉠ 마을 사람들은 우리를 ＿＿＿＿＿적인 태도로 반갑게 맞아 주었다.
㉡ 서로에 대한 ＿＿＿＿＿적인 감정은 회의 분위기를 무겁게 만들었다.
㉢ 튀르키예와 우리나라는 서로 형제의 나라라고 할 만큼 ＿＿＿＿＿적이다.

[✎]

4 다음 질문에 알맞은 답에 ○표를 하세요.

이런! 두 기차가 한 선로에서 서로 마주보는 방향으로 달리고 있어요! 이를 발견한 기관사가 방향 [ ] 조작 장치를 눌러, 다행히 두 기차의 충돌을 막았습니다. 빈칸에 들어갈 장치의 이름은 무엇일까요?

고정 가속 유지 전환

글 쓰며 표현力 높여요

정답과 해설 114쪽

◎ '좋을 호(好)'나 '구를 전(轉)'이 들어가는 어휘를 넣어서 글을 써 보세요.

사람들은 각자 자신만의 취향을 가지고 있어요. 곤충을 좋아하는 사람도 있고, 기계를 좋아하는 사람도 있고, 옛날 동전이나 우표를 좋아하는 사람도 있지요. 여러분은 무엇을 좋아하나요? 간단하게 소개해 주세요.

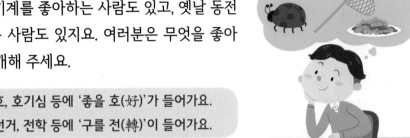

도움말 호감, 우호, 선호, 호기심 등에 '좋을 호(好)'가 들어가요.
운전, 전환, 자전거, 전학 등에 '구를 전(轉)'이 들어가요.

예 나는 자전거에 관심이 많아. 전학 후 새 친구들의 호감을 얻으려고 타기 시작했는데, 지금은 혼자서도 즐겨 타고 있어. 자전거를 타고 바람을 맞으면 고민이 사라지는 기분이야.

따라 쓰며 한자力 완성해요

오늘의 학습을 평가해 보아요. 부족함 보통임 잘함

06~10 독해로 마무리해요

정답과 해설 115쪽

1~2 다음 글을 읽고, 물음에 답하세요.

플로렌스 나이팅게일은 부유한 가정에서 태어났지만, 가난하고 병든 사람들을 간호(看護)하는 일에 평생을 바치기로 결심했다. 크림 전쟁이 일어나자 많은 병사들이 부상(負傷)을 입고 죽을 위기(危機)에 처했다. 또한 전염병까지 돌아 매우 위험(危險)한 상황이었다. 나이팅게일은 이 상황을 간과(看過)하지 않고 위급(危急)한 환자를 돌보는 데 몰두(沒頭)했다. 나이팅게일의 헌신으로 통증(痛症)을 호소하던 환자들의 상태가 많이 호전(好轉)되었다.

또한 나이팅게일은 병원의 환경을 개선하는 '행정가'로서도 두각(頭角)을 나타냈다. 나이팅게일의 노력으로 당시 간호사에 대한 사람들의 낮은 인식이 전환(轉換)되었다.

1 '나이팅게일'의 업적을 요약한 내용 중, 빈칸에 들어갈 말을 쓰세요.

아픈 사람을 ☐☐하고, ☐☐의 환경을 개선함.

2 '나이팅게일'에 대한 설명으로 알맞은 것에 ✓표를 하세요.

- ☐ 가난한 집안에서 태어났다.
- ☐ 빈곤층을 위해 식사를 제공했다.
- ☐ 크림 전쟁에 참여했다가 부상을 당했다.
- ☐ 그녀의 활동으로 간호사에 대한 인식이 바뀌었다.

용 두 사 미

용 龍 머리 頭 긴 뱀 蛇 꼬리 尾

'진존자'라는 스님이 큰소리만 치는 어떤 스님에게 겉으로는 용의 머리처럼 훌륭해 보이지만 실제로는 뱀의 꼬리처럼 별로라고 꾸짖었다는 이야기에서 유래된 말입니다. 처음 출발은 야단스러운데 끝이 보잘것없음을 나타낼 때 쓰입니다.

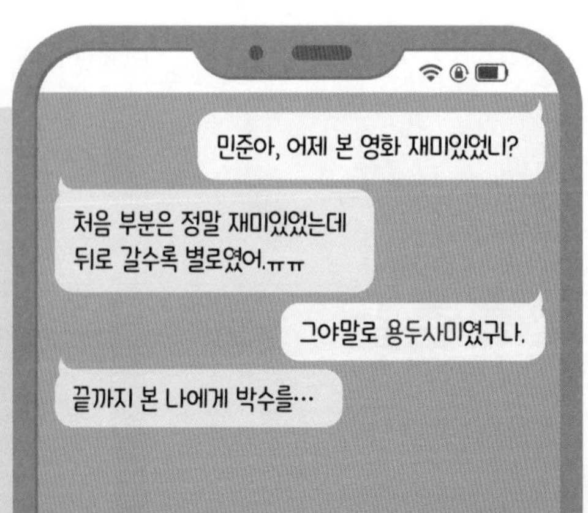

민준아, 어제 본 영화 재미있었니?
처음 부분은 정말 재미있었는데 뒤로 갈수록 별로였어.ㅠㅠ
그야말로 용두사미였구나.
끝까지 본 나에게 박수를…

놀이로 정리해요

정답과 해설 115쪽

◎ 아래의 뜻풀이에 해당하는 어휘를 찾아 표시해 보세요.

보	천	자	심	상	귤	나	무
호	감	정	주	장	감	사	이
랑	회	의	산	립	존	중	타
목	위	사	몰	유	자	부	심
일	장	험	두	밥	국	신	지
은	통	증	가	전	환	징	문
애	실	거	정	부	대	기	답

① 좋게 여기는 감정.
② 무척 슬프고 마음이 아픔.
③ 다른 방향이나 상태로 바뀜.
④ 어떤 일에 온 정신을 기울임.
⑤ 해로움이나 손실이 생길 우려가 있음.
⑥ 자신을 가지고 스스로 당당히 여기는 마음.
⑦ 위험하거나 곤란해지지 않게 지키고 보살핌.

《 공부한 날짜 월 일 》

표준(標準)

사물의 크기, 수량, 가치, 질 등을 재거나 판단하기 위한 근거나 기준.

標 표할 표

나무[木(나무 목)]가 타면서 불똥[票(불똥튈 표)]이 나무 끝까지 다다른 모습을 표현한 글자로, '표하다', '나타나다'를 뜻합니다.

準 준할 준

송골매[隼(송골매 준)]가 물[氵(水, 물 수)] 위를 곧게 날아간다는 의미를 나타낸 글자로, 어떤 기준에 '준하다', '본보기로 삼다'를 뜻합니다.

'표할 표(標)'와 '준할 준(準)'이 들어간 어휘

정답과 해설 116쪽

[1~4] 예문을 보고, 어휘의 알맞은 뜻을 찾아 ✓표를 하세요.

사회

목 표
눈 目 | 표할 標

남과 북은 그동안 평화 통일을 목표로 어떤 노력을 해 왔을까?

1 ☑ 어떤 목적을 이루려고 대상으로 삼은 것.
☐ 사물의 좋고 나쁨 또는 진위나 가치를 분별하는 능력.

체육

표 어
표할 標 | 말씀 語

안전사고를 예방하기 위한 표어를 만들어 봅시다.

2 ☐ 새로 생긴 말.
☐ 주의, 주장 등을 간결하게 나타낸 짧은 어구*.

'어구'는 말의 마디나 구절을 뜻해.
'이 어구는 무슨 뜻일까?'와 같이 쓰여.

도덕

준 비
준할 準 | 갖출 備

나는 빵을 만드는 데 필요한 재료를 준비했어.

3 ☐ 나중에 더 보탬.
☐ 미리 마련하여 갖춤.

수학

기 준
터 基 | 준할 準

입체도형을 기준에 따라 분류해 보세요.

4 ☐ 기본이 되는 표준.
☐ 목적을 달성하기 위해 취하는 방식이나 수단.

문제로 어휘 力 높여요

1 밑줄 친 '표' 자가 다음 한자로 쓰이지 않은 것에 ✓표를 하세요.

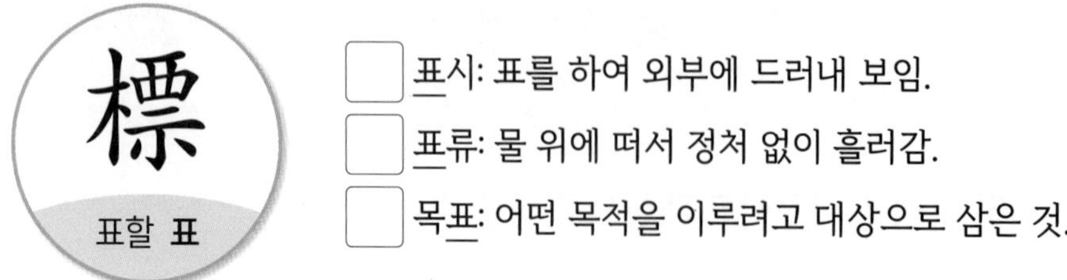

- [ ] 표시: 표를 하여 외부에 드러내 보임.
- [ ] 표류: 물 위에 떠서 정처 없이 흘러감.
- [ ] 목표: 어떤 목적을 이루려고 대상으로 삼은 것.

2 빈칸에 '표어(標語)'를 쓸 수 없는 문장의 기호를 쓰세요.

㉠ 국어 시간에 안전한 학교생활을 주제로 한 [ ]를 썼다.

㉡ 봄이 되자 곳곳에 화재를 예방하자는 [ ]가 자주 눈에 띈다.

㉢ '손이 크다', '발이 넓다'와 같이 우리 몸과 관련된 [ ]가 많다.

[✎]

3 가로세로 낱말 퍼즐에 들어갈 말을 쓰세요.

1 세로: 기본이 되는 표준.
예 평가 ○○에 따라 내용을 점검해 보세요.

2 가로: 한 나라에서 공용어로 쓰는 언어.
예 ○○○에서는 발음이 가장 중요합니다.

4 빈칸에 들어갈 글자와 한자를 고르세요.

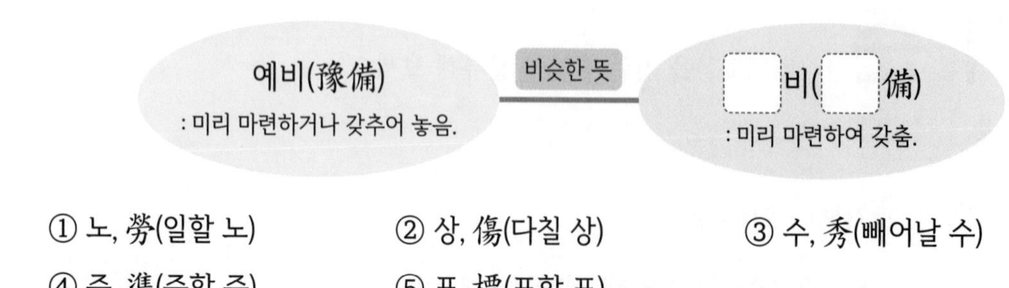

① 노, 勞(일할 노) ② 상, 傷(다칠 상) ③ 수, 秀(빼어날 수)
④ 준, 準(준할 준) ⑤ 표, 標(표할 표)

글 쓰며 표현力 높여요

정답과 해설 116쪽

◎ '표할 표(標)'나 '준할 준(準)'이 들어가는 어휘를 넣어서 글을 써 보세요.

여러분은 무엇을 이루고 싶나요? 가까운 시일 내에 이루고 싶은 일도 좋고, 어른이 되어서 이루고 싶은 일도 좋아요. 이와 관련하여 현재 하고 있는 노력은 무엇인지도 알려 주세요.

도움말 표준, 목표, 지표 등에 '표할 표(標)'가 들어가요.
준비, 기준, 수준 등에 '준할 준(準)'이 들어가요.

예 한 성악가의 노래를 듣고 눈물이 날 정도로 감명을 받았어요. 그 후로 저도 다른 사람에게 감동을 주는 성악가가 되고 싶다는 목표가 생겼습니다. 높은 수준을 갖추기 위해 지금부터 열심히 준비할 거예요!

따라 쓰며 한자力 완성해요

오늘의 학습을 평가해 보아요. 부족함 보통임 잘함

차이(差異)

서로 같지 않고 다름. 또는 그런 정도나 상태.

差 다를 차

이삭이 고르지 않으며 제각각인 벼를 움켜 쥔 모습을 표현한 글자로, '다르다'를 뜻합니다.

異 다를 이

얼굴에 탈을 쓰고 두 손을 들고 있어서 전혀 다른 사람이 된 모습을 표현한 글자로, '다르다'를 뜻합니다.

'다를 차(差)'와 '다를 이(異)'가 들어간 어휘

정답과 해설 117쪽

[1~4] 다음 어휘를 살펴보고, 빈칸에 알맞은 어휘를 찾아 한글로 쓰세요.

1 편견과 [ ] 없이 다른 문화를 존중하는 태도를 길러야 한다.

↳ 둘 이상의 대상을 각각 등급이나 수준 등의 차이를 두어서 구별함.

2 소득 [ ] 이/가 커지면서 사회적 약자를 위한 제도와 정책이 필요해졌다.

↳ 빈부, 임금, 기술 수준 등이 서로 벌어져 다른 정도.

3 병을 재사용하려면 병 안의 내용물이나 [ ] 을/를 비우고 배출해야 한다.

↳ 정상적이 아닌 다른 물질.

4 나는 몸에 일어나고 있는 [ ] 로운 현상을 자연스럽게 생각하기 시작했다.

↳ 놀랍고 신기하게 여김. 또는 그럴 만한 일.

문제로 어휘 力 높여요

1 **'차(差)' 자를 넣어, 빈칸에 공통으로 들어갈 어휘를 쓰세요.**

• 학교의 모습은 20년 전과 [　　] 이/가 없이 그대로였다.

• 동생과 나는 취향이 서로 달라, 식성에서도 큰 [　　] 가 난다.

[✎　　　　　　]

2 **밑줄 친 어휘의 뜻으로 알맞은 말에 ○표를 하세요.**

하늘의 온갖 이물질이 폭우와 함께 깨끗이 씻겨 나간 듯하다.

↳ (정상적이 아닌 | 탈이 없이 제대로인) 물질.

3 **밑줄 친 어휘와 뜻이 반대인 어휘에 ✓표를 하세요.**

누구나 신분, 재산, 성별, 인종 등에 따라 부당하게 차별받지 않아야 한다.

☐ 차등(差等)　☐ 구별(區別)　☐ 평등(平等)

4 **밑줄 친 부분과 바꾸어 쓸 수 있는 말을 고르세요.**

힘겹게 정상에 올라가서 내려다본 풍경은 매우 경이로웠다.

① 복잡했다　② 한적했다　③ 선명했다

④ 신기했다　⑤ 어수선했다

글 쓰며 표현力 높여요

정답과 해설 117쪽

‘다를 차(差)’나 ‘다를 이(異)’가 들어가는 어휘를 넣어서 글을 써 보세요.

불과 몇백 년 전만 해도 출신에 따라 계급을 나누는 ‘신분 제도’가 있었어요. 태어날 때부터 신분이 정해져 있으니, 억울한 일도 많았을 거예요. 내가 이런 과거에 살고 있다고 상상하면서 임금님께 억울함과 답답함을 호소하는 글을 써 보세요.

도움말 차이, 차별, 격차, 차등 등에 ‘다를 차(差)’가 들어가요.
이상, 이의, 이견, 이성 등에 ‘다를 이(異)’가 들어가요.

예 오랫동안 마음을 나누고 있는 이성과 신분의 격차로 혼인할 수 없는 처지입니다. 존경하는 임금님께서 부디 이 이상한 제도를 고쳐, 모든 사람들이 사랑하는 사람과 함께할 수 있게 하옵소서.

따라 쓰며 한자力 완성해요

差		異					
다를	차	다를	이				

오늘의 학습을 평가해 보아요. 부족함 보통임 잘함

증권(證券)

증거가 되는 문서나 서류.

證 증거 증

신에게 말[言]을 아뢰기 위해 제단 위로 올라가는[登(오를 등)] 모습을 표현한 글자로, '알리다'라는 뜻이 확대되어 '증거'를 뜻합니다.

券 문서 권

칼[刀(칼 도)]로 둘로 쪼개어 나누어 갖는 모습을 표현한 글자로, '문서'나 '증서', '계약서'를 뜻합니다.

'증거 증(證)'과 '문서 권(券)'이 들어간 어휘

정답과 해설 118쪽

[1~4] 예문을 보고, 어휘의 알맞은 뜻을 찾아 ✓표를 하세요.

국어

증거 (증거 證 / 의거할 據)

이것은 오래 전에 화성 표면에 물이 흘렀다는 증거입니다.

1 ☐ 거짓을 말로 꾸며 냄. 또는 그 말.
☑ 어떤 사실을 증명할 수 있는 근거.

실과

인증 (알 認 / 증거 證)

학용품은 국가 통합 인증 표지(KC)가 있는 것을 사용합니다.

2 ☐ 어떤 사실이나 주장이 옳지 않음을 여러 근거를 들어 증명함.
☐ 어떠한 문서나 행위가 정당한 절차를 따랐다는 것을 공적 기관이 증명함.

사회

여권 (나그네 旅 / 문서 券)

공항에서 여권을 잃어버려서 매우 난처했습니다.

3 ☐ 어떤 구역 안으로 들어가는 것을 인정하는 문서.
☐ 외국을 여행하는 사람의 신분이나 국적을 증명하고 상대국에 그 보호를 의뢰하는 문서.

사회

탑승권 (탈 搭 / 탈 乘 / 문서 券)

비행기 탑승권 도착지 칸에 세계 여러 나라 중 가장 가고 싶은 곳을 써 봅시다.

4 ☐ 배나 비행기, 차 등을 탈 수 있음을 인정하는 표.
☐ 적혀 있는 가격에 해당하는 상품과 교환할 수 있는 표.

문제로 어휘 力 높여요

1 밑줄 친 '증' 자에 공통으로 쓰인 한자를 고르세요.

• 하늘이 흐리고, 습한 바람이 불면 비가 온다는 증거이다.
• 범행을 목격한 증인이 나타나서 그는 죄의 대가를 톡톡히 치렀다.

① 證 ② 計 ③ 言 ④ 記 ⑤ 詩

2 밑줄 친 곳에 공통으로 들어갈 어휘에 ✓표를 하세요.

'동물 복지 ________ 제도'란 동물에게 본래의 습성을 유지할 수 있는 환경을 제공하는 농장에 대해 국가가 ________하는 제도예요. 소비자는 동물 복지 ________ 제품을 구매함으로써 안전한 축산물을 소비할 수 있어요.

☐ 물증 ☐ 논증 ☐ 인증 ☐ 반증

3 밑줄 친 어휘의 뜻으로 알맞은 것에 ○표를 하세요.

1 이 탑승권을 예매하면서 무척 들떴다.
↳ (작품을 관람할 수 있음 | 이동 수단을 탈 수 있음)을 인정하는 표.

2 여권을 다시 발급받기 위해 사진을 준비했다.
↳ 외국을 여행하는 사람의(신분이나 국적 | 여행 경로 및 기간)을 증명하고 상대국에 그 보호를 의뢰하는 문서.

4 밑줄 친 '권' 자가 다음 한자로 쓰이지 않은 것의 기호를 쓰세요.

㉠ 증권: 증거가 되는 문서나 서류.
㉡ 인권: 인간으로서 당연히 가지는 기본적 권리.
㉢ 식권: 식당이나 음식점 등에서 내면 음식을 주도록 되어 있는 표.

[ ]

글 쓰며 표현力 높여요

정답과 해설 118쪽

'증거 증(證)'이나 '문서 권(券)'이 들어가는 어휘를 넣어서 글을 써 보세요.

놀이기구를 타기 위해 줄을 서 있는데, 앗! 갑자기 방귀 냄새가 지독하게 납니다. 과연 아래에서 방귀를 뀐 사람은 누구일까요? 근거를 들어 방귀를 뀐 친구를 찾아보세요.

도움말 증거, 입증 등에 '증거 증(證)'이 들어가요. 이용권, 입장권 등에 '문서 권(券)'이 들어가요.

예 입장권을 손에 들고 있는 친구가 방귀를 뀐 것 같아요. 다른 친구들은 얼굴을 찌푸리고 있는데, 혼자만 어쩔 줄 몰라 하는 표정을 짓는 것이 그 증거라고 볼 수 있어요.

따라 쓰며 한자力 완성해요

오늘의 학습을 평가해 보아요. 부족함 보통임 잘함

14 투자(投資)

이익을 얻기 위하여 어떤 일이나 사업에 자본을 대거나 시간이나 정성을 쏟음.

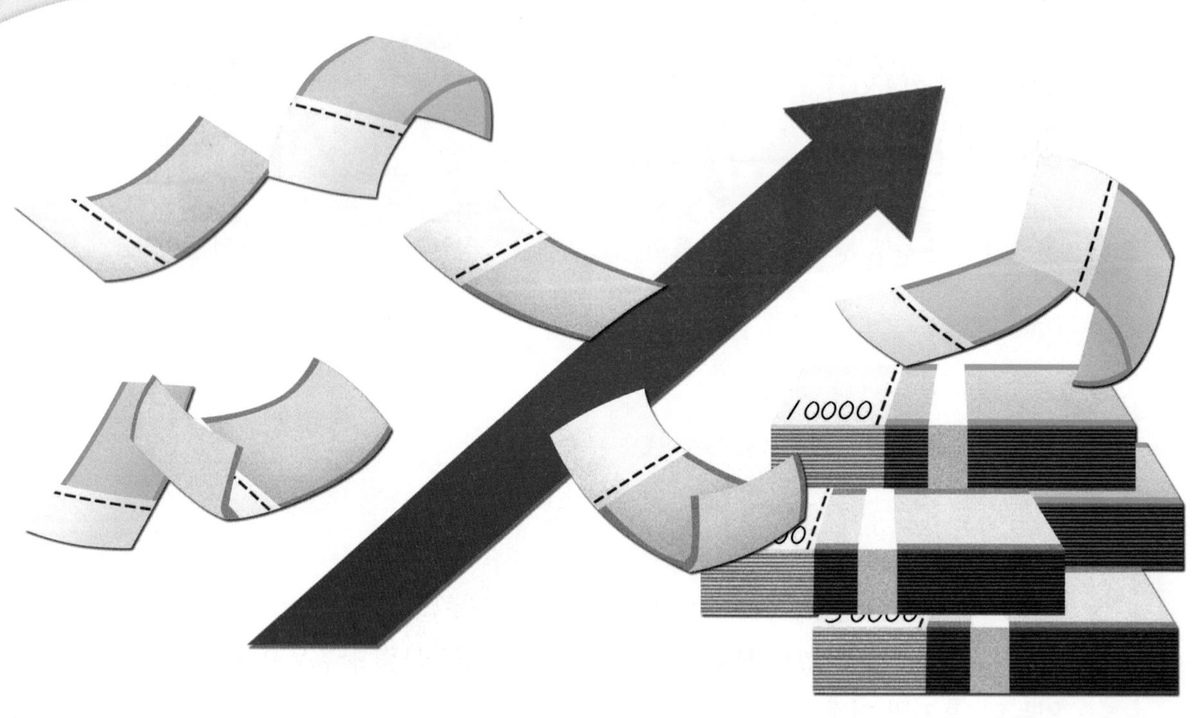

投 던질 투

손[扌(手, 손 수)]으로 몽둥이[殳(몽둥이 수)]를 든 모습을 표현한 글자로, '던지다'를 뜻합니다.

資 재물 자

'次(버금 차)'와 '貝(조개 패)'를 합하여 재물을 앞에 두고 탐내는 모습을 표현한 글자로, '재물'이라는 뜻을 지닙니다.

'던질 투(投)'와 '재물 자(資)'가 들어간 어휘

정답과 해설 119쪽

[1~4] 다음 어휘를 살펴보고, 빈칸에 알맞은 어휘를 찾아 한글로 쓰세요.

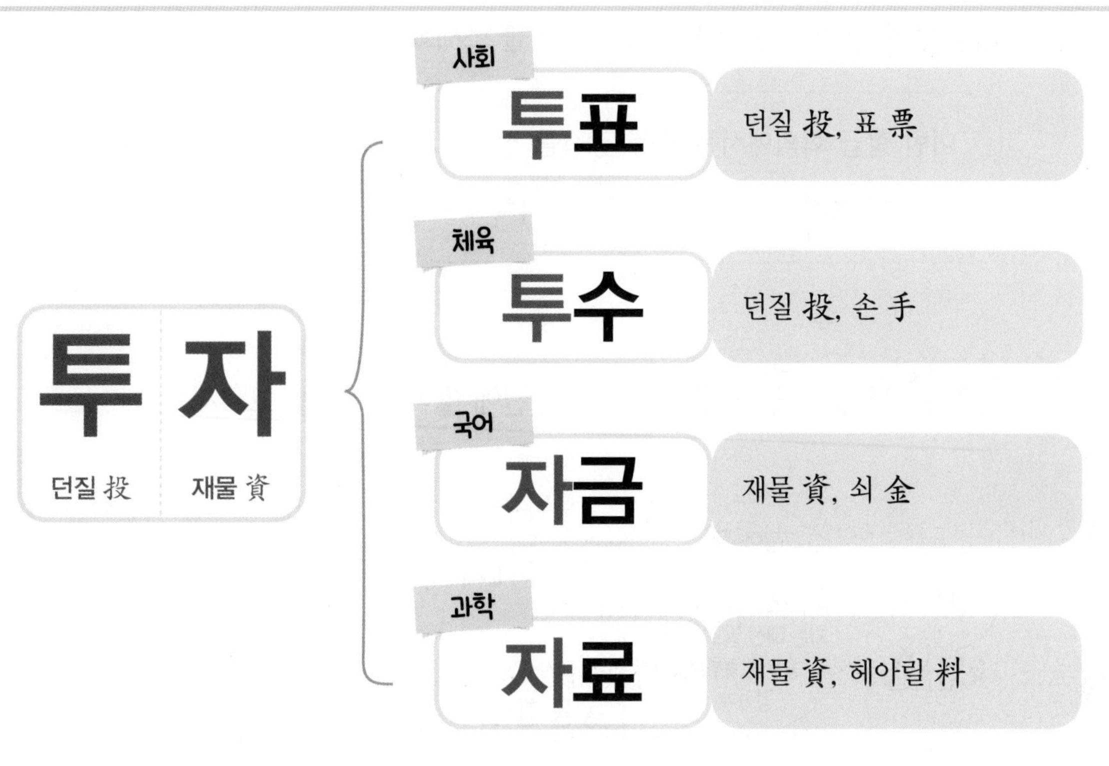

1 [ ] 은/는 빠른 공과 느린 공을 적절히 섞어서 던집니다.

↳ 야구*에서, 내야 중앙의 마운드에서 상대편의 타자가 칠 공을 포수를 향하여 던지는 선수.

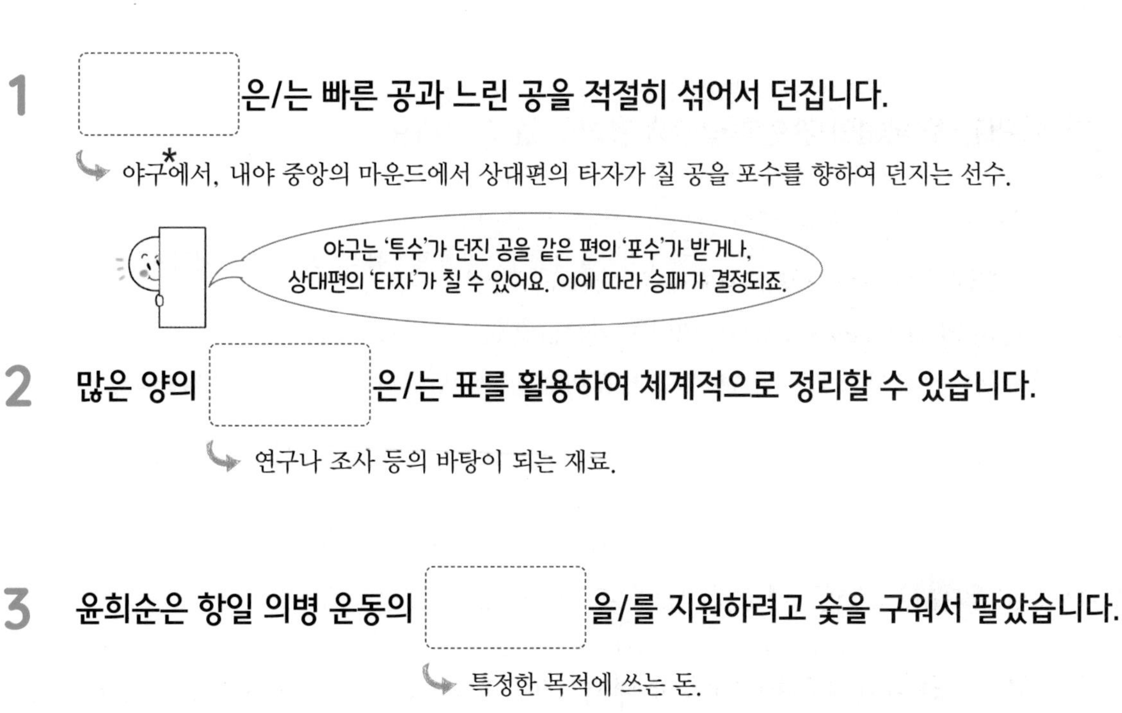

야구는 '투수'가 던진 공을 같은 편의 '포수'가 받거나,
상대편의 '타자'가 칠 수 있어요. 이에 따라 승패가 결정되죠.

2 많은 양의 [ ] 은/는 표를 활용하여 체계적으로 정리할 수 있습니다.

↳ 연구나 조사 등의 바탕이 되는 재료.

3 윤희순은 항일 의병 운동의 [ ] 을/를 지원하려고 숯을 구워서 팔았습니다.

↳ 특정한 목적에 쓰는 돈.

4 [ ] 은/는 선거일 기준으로 만 18세 이상의 국민이면 누구나 할 수 있습니다.

↳ 선거를 하거나 어떤 일을 의논하여 정할 때 의사를 표시하여 일정한 곳에 내는 일.

문제로 어휘 力 높여요

1 빈칸에 '던질 투(投)'가 들어가는 어휘를 쓰세요.

이번 학급 회의에서는 소풍 장소를 정하려고 합니다. 친구들이 추천한 장소에 대해 의논한 후에, [　　　] 을/를 거쳐 장소를 결정하겠습니다.

2 발야구* 규칙을 설명한 내용을 보고, 빈칸에 들어갈 어휘를 고르세요.

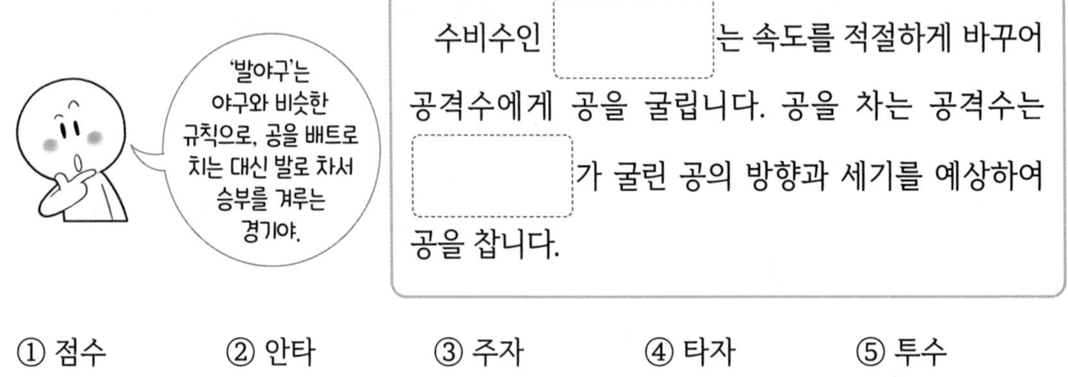

'발야구'는 야구와 비슷한 규칙으로, 공을 배트로 치는 대신 발로 차서 승부를 겨루는 경기야.

수비수인 [　　　] 는 속도를 적절하게 바꾸어 공격수에게 공을 굴립니다. 공을 차는 공격수는 [　　　] 가 굴린 공의 방향과 세기를 예상하여 공을 찹니다.

① 점수　② 안타　③ 주자　④ 타자　⑤ 투수

3 밑줄 친 어휘의 뜻으로 알맞은 말에 ○표를 하세요.

1 그는 이 일에 아낌없이 투자하고 있다.

↳ (이익을 얻을 | 기부를 할) 목적으로 자금을 대거나 정성을 쏟음.

2 이 연구 결과의 자료는 어디에 있습니까?

↳ 연구나 조사 등 어떤 일의 (바탕이 되는 재료 | 방해가 되는 요인).

4 보기의 어휘들과 뜻이 가장 비슷한 어휘에 ✓표를 하세요.

보기

- **비용**: 어떤 일을 하는 데 드는 돈.
- **자본**: 장사나 사업 등의 기본이 되는 돈.
- **밑천**: 어떤 일을 하는 데 바탕이 되는 돈이나 물건, 기술 등.

☐ 자격(資格)　☐ 자금(資金)　☐ 자질(資質)

글 쓰며 표현力 높여요

정답과 해설 119쪽

● '던질 투(投)'와 '재물 자(資)'가 들어가는 어휘를 넣어서 글을 써 보세요.

어느 날 나에게 획기적인 발명품을 개발할 아이디어가 떠올랐어요. 다만 이 발명품을 만들려면 개발 비용이 필요해요. 사람들을 초대해서 발명품 개발 비용을 투자해 달라고 요청해 보세요.

도움말 투자, 투표, 투입, 투영 등에 '던질 투(投)'가 들어가요.
자금, 자료, 자격, 자산, 자본 등에 '재물 자(資)'가 들어가요.

예 제가 준비한 자료를 보시면, 이 제품이 여러분의 자본을 투자받을 만한 자격이 충분하다는 것을 알 수 있을 것입니다. 여러분의 아낌없는 지원을 부탁드립니다.

따라 쓰며 한자力 완성해요

오늘의 학습을 평가해 보아요. 부족함 보통임 잘함

15 채점(採點)

시험 답안의 맞고 틀림을 살피어 점수를 매김.

採 캘 채

손[扌(手, 손 수)]으로 나무에 열린 열매를 따는 모습[采]을 표현한 글자로, '캐다', '채취하다'를 뜻합니다.

點 점 점

'黑(검을 흑)'과 '占(점치다 점)'을 합한 글자로, 작고 검은 점이라는 데서 '점', '얼룩' 등을 뜻합니다.

'캘 채(採)'와 '점 점(點)'이 들어간 어휘

정답과 해설 120쪽

[1~4] 예문을 보고, 어휘의 알맞은 뜻을 찾아 ✓표를 하세요.

사회

채택

캘 採 가릴 擇

1991년에는 남북 화해, 교류, 협력 등의 내용이 담긴 남북 기본 합의서가 채택되었다.

1 ☑ 작품, 의견, 제도 등을 골라서 다루거나 뽑아 씀.
☐ 실시하여 오던 제도나 법규 등을 그만두거나 없앰.

국어

채집

캘 採 모을 集

원시 시대에는 짐승을 사냥하거나 나무 열매와 식물을 채집해서 먹었다.

2 ☐ 사람에게 잡힌 생물을 놓아주는 일.
☐ 널리 찾아서 얻거나 캐거나 잡아 모으는 일.

국어

관점

볼 觀 점 點

관점에 따라 같은 사물이나 현상도 다르게 보일 수 있다.

3 ☐ 어떤 것에 마음이 끌려 주의를 기울임.
☐ 사물이나 현상을 관찰할 때, 보고 생각하는 태도나 방향 또는 처지.

사회

장점

긴 長 점 點

세계 지도는 여러 나라의 위치를 한눈에 파악하기에 유리한 장점이 있다.

4 ☐ 잘못되고 모자라는 점.
☐ 좋거나 잘하거나 긍정적인 점.

문제로 어휘 力 높여요

1 빈칸에 '캘 채(採)'가 들어가는 어휘를 쓰세요.

"안전 지킴이 활동을 하자."를 실천 내용으로 정하는 것에 찬성하시는 분은 27명 가운데 9명이므로 실천 내용으로 [ ]하지 않겠습니다.

2 빈칸에 들어갈 수 없는 어휘를 고르세요.

주장하는 글은 상대방을 설득해야 하므로, 자신의 견해나 [ ]을/를 정확하게 밝혀야 합니다.

① 입장 ② 시각 ③ 태도 ④ 관점 ⑤ 기분

3 빈칸에 '점 점(點)'이 들어가는 어휘를 쓰세요.

1 친구의 [ ]을 '칭찬하기' 게시판에 쓰거나 직접 말해 줍니다.

2 선생님께서는 지금 학생들이 낸 답안지를 [ ]하고 계십니다.

4 다음 어휘와 뜻이 가장 비슷한 어휘에 ○표를 하세요.

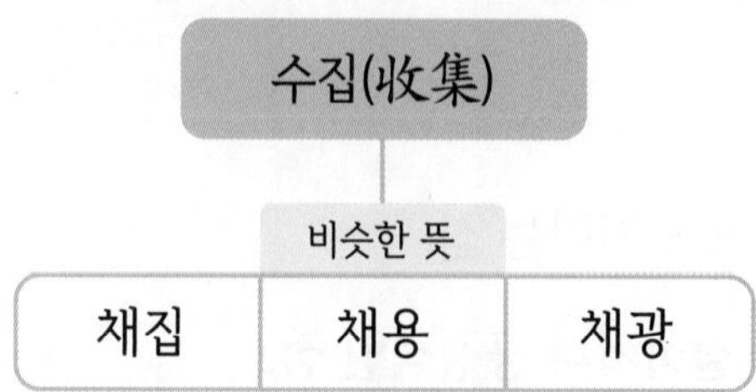

글 쓰며 표현力 높여요

정답과 해설 120쪽

'캘 채(採)'와 '점 점(點)'이 들어가는 어휘를 넣어서 글을 써 보세요.

어른이 된 나는 평소에 들어가고 싶었던 회사의 면접을 보게 되었어요. 두근두근 떨리는 마음으로 시작된 면접! 면접관 앞에서 나를 소개하고, 내가 이 회사에 들어가야 하는 까닭을 이야기해 보세요.

도움말 채점, 채택, 채집, 채용 등에 '캘 채(採)'가 들어가요.
관점, 장점, 점검, 출발점 등에 '점 점(點)'이 들어가요.

예 저는 다양한 관점을 포용할 수 있는 장점이 있습니다. 이러한 강점을 살려, 부서 내의 분위기를 점검하고 서로 화합할 수 있도록 돕겠습니다. 그러면 더 큰 성과를 이룰 수 있을 것입니다.

따라 쓰며 한자力 완성해요

오늘의 학습을 평가해 보아요. 부족함 보통임 잘함

11~15 독해로 마무리해요

정답과 해설 121쪽

1~2 다음 글을 읽고, 물음에 답하세요.

희망 초등학교 여러분, 안녕하세요? 저는 태어났을 때부터 한쪽 다리가 불편했습니다. 어린 시절에는 친구들과 키 차이(差異)도 많이 났고, 때로는 차별(差別) 대우를 받아 위축되기도 했어요. 그런 제가 꿈을 갖게 된 계기는 아버지께서 가져오신 야구 경기 입장권이었습니다. 경기에서 공을 힘차게 던지는 투수(投手)가 정말 멋져 보였거든요. 그때부터 야구 선수라는 목표(目標)를 이루기 위해 열심히 준비(準備)했습니다. 다른 건강한 선수들과의 실력 격차(隔差)를 좁히려면 연습에 더 많은 시간을 투자(投資)해야 했습니다. 결국 원하던 꿈을 이룰 수 있었어요. 여러분의 꿈은 무엇인가요? 엄청난 노력을 해야만 꿈이 이루어질 것이라는 관점(觀點)을 바꾸어, 매일 조금씩이라도 꿈을 위한 시간을 가져 보세요. 그 결과는 경이(驚異)로울 것입니다.

1 말하는 이가 전달하고 싶은 내용이 무엇인지, 빈칸에 들어갈 말을 쓰세요.

{ 매일 [ ]을/를 이루기 위한 [ ][ ]을/를 투자해야 한다. }

2 말하는 이에 대한 설명으로 알맞지 않은 것을 고르세요.

① 어린 시절 사고를 당했다.
② 한쪽 다리가 불편한 상태이다.
③ 몸이 불편하여 차별 대우를 받기도 했다.
④ 건강한 선수들보다 더 많은 시간 동안 연습했다.
⑤ 야구 경기를 관람한 후 야구 선수라는 꿈을 갖게 되었다.

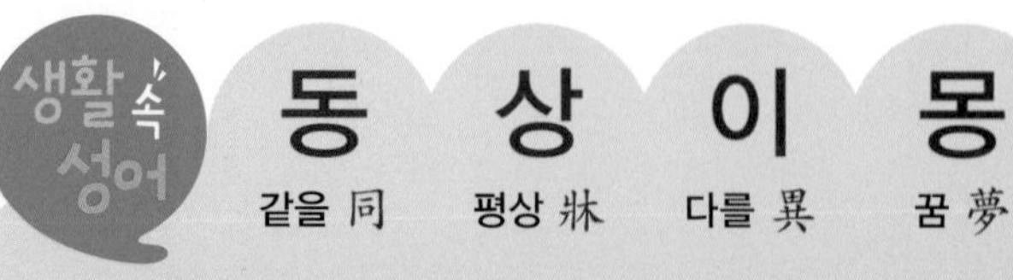

우리는 같은 침대에서 자더라도 서로 전혀 다른 꿈을 꿉니다. 이처럼 겉으로는 똑같이 행동하면서도 속으로는 전혀 다른 생각을 하고 있음을 이를 때, '동상이몽'이라고 합니다.

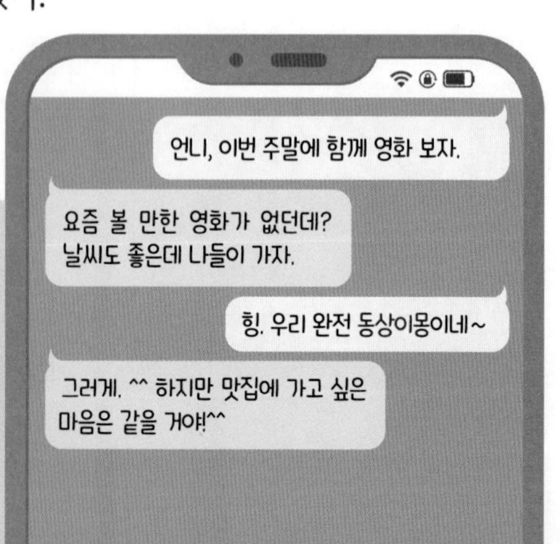

언니, 이번 주말에 함께 영화 보자.
요즘 볼 만한 영화가 없던데?
날씨도 좋은데 나들이 가자.
힝. 우리 완전 동상이몽이네~
그러게. ^^ 하지만 맛집에 가고 싶은
마음은 같을 거야!^^

정답과 해설 121쪽

제시된 설명을 참고하여 한자 어휘 지도를 완성해 보세요.

비 : 뜻이 비슷한 어휘 반 : 뜻이 반대되는 어휘

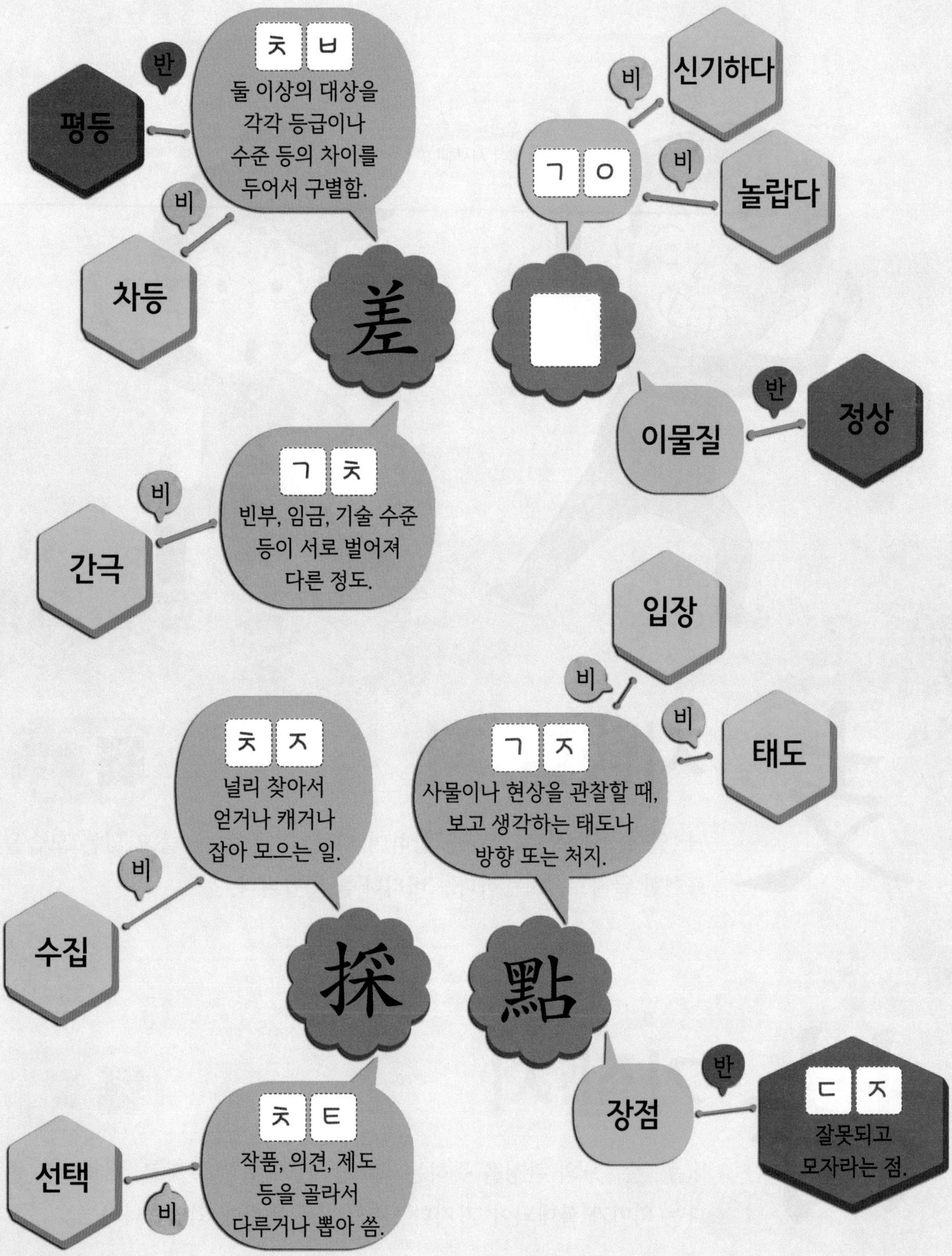

差
- ㅊ ㅂ: 둘 이상의 대상을 각각 등급이나 수준 등의 차이를 두어서 구별함.
  - 반: 평등
  - 비: 차등
- ㄱ ㅊ: 빈부, 임금, 기술 수준 등이 서로 벌어져 다른 정도.
  - 비: 간극

(빈칸)
- ㄱ ㅇ
  - 비: 신기하다
  - 비: 놀랍다
- 이물질
  - 반: 정상

採
- ㅊ ㅈ: 널리 찾아서 얻거나 캐거나 잡아 모으는 일.
  - 비: 수집
- ㅊ ㅌ: 작품, 의견, 제도 등을 골라서 다루거나 뽑아 씀.
  - 비: 선택

點
- ㄱ ㅈ: 사물이나 현상을 관찰할 때, 보고 생각하는 태도나 방향 또는 처지.
  - 비: 입장
  - 비: 태도
- 장점
  - 반: ㄷ ㅈ: 잘못되고 모자라는 점.

지지(支持)

옳거나 좋다고 판단하고 뜻을 같이하여, 이를 위하여 힘을 씀.

支 지탱할 지

'十(열 십)'과 '又(또 우)'를 합하여 나뭇가지를 손에 들고 있는 모습을 표현한 글자로, '지탱하다', '버티다'를 뜻합니다.

持 가질 지

'扌(手, 손 수)'와 관청을 뜻하는 '寺(절 사)'가 합한 글자로, 나랏일을 한다는 의미가 확대되어 '가지다', 지키다'를 뜻하게 되었습니다.

'지탱할 지(支)'와 '가질 지(持)'가 들어간 어휘

정답과 해설 122쪽

[1~4] 예문을 보고, 어휘의 알맞은 뜻을 찾아 ✓표를 하세요.

국어

지원 (지탱할 支 / 도울 援)

사회에서는 저출산 문제를 해결하기 위해 아이를 낳거나 돌보는 일을 지원하고 있습니다.

1
- [x] 무엇 또는 어떤 일을 뒷받침하여 돕는 것.
- [ ] 운동 경기 등에서 선수들이 이기도록 북돋우고 격려함.

지장 (지탱할 支 / 막을 障)

학교 근처의 도로가 공사 중이라, 등굣길에 지장을 받고 있습니다.

2
- [ ] 어떤 일에 거치적거리며 방해가 되는 장애.
- [ ] 남을 어떤 목적이나 방향으로 가르치어 이끄는 일.

실과

소지품 (바 所 / 가질 持 / 물건 品)

학용품과 소지품을 정리 정돈하면 쾌적한 생활 공간이 됩니다.

3
- [ ] 가지고 있는 물건.
- [ ] 용도를 바꾸어 다시 사용할 수 있는 물건.

사회

지속 (가질 持 / 이을 續)

그녀는 모든 아동이 학교에 다니게 하자는 운동을 지속하여 많은 사람의 지지를 받고 있습니다.

4
- [ ] 흐름이 연속되지 않음.
- [ ] 어떤 상태가 오래 계속됨.

문제로 어휘 力 높여요

1 '지(持)' 자를 넣어, 빈칸에 공통으로 들어갈 어휘를 쓰세요.

- 정연이는 [ ] 을/를 제자리에 두는 습관이 있다.
- [ ] 은/는 분실할 수 있으니 직원에게 맡겨 주세요.

[ ]

2 밑줄 친 어휘가 다음 뜻으로 쓰이지 않은 문장의 기호를 쓰세요.

지원(支援): 무엇 또는 어떤 일을 뒷받침하여 돕는 것.

㉠ 선생님은 늘 나에게 아낌없이 지원해 주셨어.
㉡ 우리 회사에 지원하게 된 동기가 무엇입니까?
㉢ 청년들은 일손이 부족한 농촌을 지원하러 나섰다.

[ ]

3 밑줄 친 어휘와 바꾸어 쓸 수 없는 어휘에 ✓표를 하세요.

당분간 장맛비가 지속될 것으로 보이니, 항상 우산을 소지하시기 바랍니다.

☐ 유지(維持) ☐ 계속(繼續) ☐ 유도(誘導)

4 빈칸에 들어갈 어휘를 보기에서 골라 쓰세요.

보기

지장(支障) 지지(支持)

1 도로의 소음이 크게 들려 수업 진행에 [ ] 을/를 주고 있다.

2 그는 오랜 신뢰를 바탕으로 국민의 전폭적인 [ ] 을/를 받고 있다.

글 쓰며 표현力 높여요

정답과 해설 122쪽

◎ '지탱할 지(支)'나 '가질 지(持)'가 들어가는 어휘를 넣어서 글을 써 보세요.

또래보다 마른 편인 초등학생 민아는 아침마다 체중계에 올라가 체중을 점검해요. 매일 빠짐없이 운동을 하고, 과식하지 않도록 노력하지요. 여러분은 민아의 행동을 어떻게 생각하나요? 자유롭게 이야기해 주세요.

지지, 지원, 지장, 지배 등에 '지탱할 지(支)'가 들어가요.
소지, 지속, 유지, 긍지 등에 '가질 지(持)'가 들어가요.

예 건강을 위해서 지속적으로 운동을 하는 행동은 지지해요. 하지만 또래보다 마른 편인데도 그 몸무게를 유지하려고 애쓰면, 성장하는 데 지장이 있을 것 같아 걱정이 돼요.

따라 쓰며 한자力 완성해요

오늘의 학습을 평가해 보아요. 부족함 보통임 잘함

의존(依存)

다른 것에 기대어 생활하거나 존재함.

依 의지할 의

사람[亻(人, 사람 인)]이 추위를 피하기 위해 옷[衣]을 의지한다는 의미를 표현한 글자로, '의지하다', '기대다'를 뜻합니다.

存 있을 존

'子(아들 자)'와 살아있다는 뜻인 '在(있을 재)'를 줄여서 합한 글자로, 아이가 살아있다는 의미에서 '있다', '존재하다'를 뜻합니다.

'依(의지할 의)'와 '存(있을 존)'이 들어간 어휘

정답과 해설 123쪽

● [1~4] 다음 어휘를 살펴보고, 빈칸에 알맞은 어휘를 찾아 한글로 쓰세요.

1 나는 다른 사람에게 [   ]하지 않고 나의 일을 합니다.

↳ 다른 것에 몸이나 마음을 기대어 도움을 받음. 또는 그렇게 하는 대상.

2 앞으로는 인간과 로봇이 [   ]하는 방법을 찾아야 합니다.

↳ 서로 도와서 함께 존재함.

3 그는 통역을 [   ]하여 외국인들과 자유롭게 소통할 수 있었습니다.

↳ 남에게 부탁함.

4 지속 가능한 미래를 위해서 우리는 환경을 지키고 [   ]해야 할 책임이 있습니다.

↳ 잘 보호하고 간수하여 남김.

문제로 어휘力 높여요

1 **빈칸에 공통으로 들어갈 어휘를 고르세요.**

- 너는 내게 [   ]이/가 되는 사람이야.
- 언니와 나는 서로 [   ]하며 살아갑니다.

① 의미　② 의논　③ 의리　④ 의지　⑤ 의무

2 **밑줄 친 '존' 자가 다음 한자로 쓰이지 않은 것에 ✓표를 하세요.**

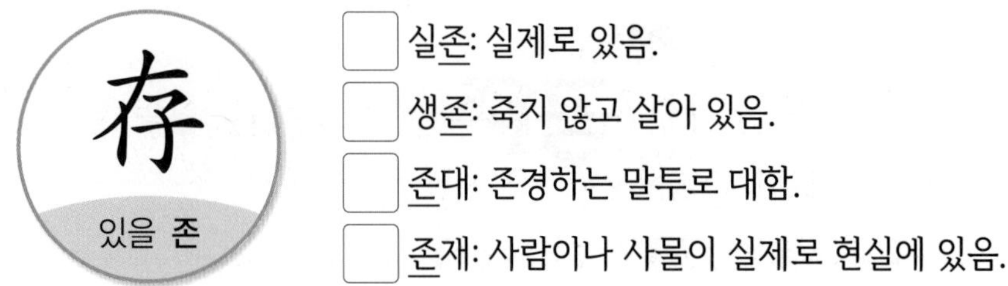

☐ 실존: 실제로 있음.
☐ 생존: 죽지 않고 살아 있음.
☐ 존대: 존경하는 말투로 대함.
☐ 존재: 사람이나 사물이 실제로 현실에 있음.

3 **밑줄 친 어휘를 잘못 쓴 문장의 기호를 쓰세요.**

㉠ 나는 소심하고 남에게 쉽게 의존하는 성격이야.
㉡ 그는 성인이 된 후로는 부모님에게 의존하지 않고 있어.
㉢ 원하는 대학에 진학하기 위해 선생님께 추천서를 의존했어.

[✎　　　　　]

4 **밑줄 친 곳에 '있을 존(存)'이 들어가는 어휘를 쓰세요.**

기술은 우리의 삶을 편하게 만들어 주었지만, 환경을 파괴하기도 해요. 따라서 우리 후손들이 살아갈 터전을 **1** ________하기 위해서는 기술의 발전과 자연이
↳ 잘 보호하고 간수하여 남김.
2 ________하는 방법을 찾아야 합니다.
↳ 서로 도와서 함께 존재함.

글 쓰며 표현力 높여요

정답과 해설 123쪽

'依(의지할 의)'나 '存(있을 존)'이 들어가는 어휘를 넣어서 글을 써 보세요.

나는 무엇에 의존하며 살고 있나요? 혹시 아래와 비슷한 상황은 아닌지 점검해 보고, 이에 대한 생각을 적어 보세요.

- 나는 입안에 단 것이 없으면 허기진다.
- 나는 영상을 보고 있지 않으면 불안하다.
- 나는 친구 ○○○이/가 없는 자리는 어색하다.

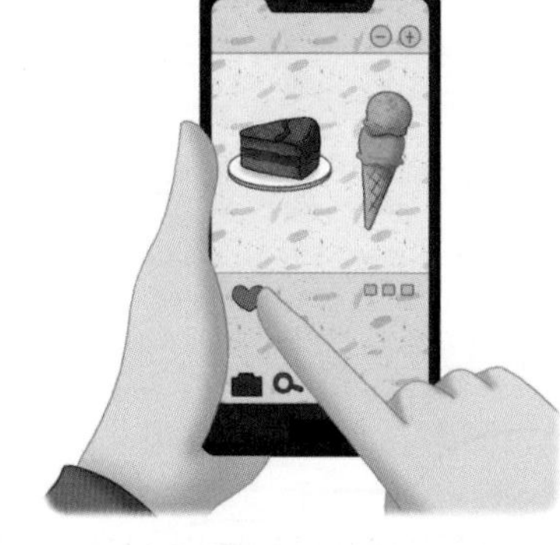

도움말 의존, 의지, 의뢰 등에 '依(의지할 의)'가 들어가요.
보존, 공존, 존재 등에 '存(있을 존)'이 들어가요.

예 저는 부모님께 의존적인 면이 아직도 많은 것 같아요. 점차 부모님께 의지하는 부분을 하나씩 줄여 봐야겠어요. 식사 준비도 스스로 해 볼 거예요.

따라 쓰며 한자力 완성해요

오늘의 학습을 평가해 보아요. 부족함 보통임 잘함

18 고난(苦難)

괴로움과 어려움을 아울러 이르는 말.

苦 쓸/괴로울 고

영상으로 필순 보기

풀을 나타내는 '艹(草, 풀 초)'와 '古(옛 고)'를 합한 글자로, 풀이 쓰다는 의미에서 '쓰다', '괴롭다'를 뜻합니다.

難 어려울 난

영상으로 필순 보기

'堇(진흙 근)'과 '隹(새 추)'를 합한 글자로, 진흙 속에 빠진 새가 빠져나오기 어렵다는 의미에서 '어렵다', '꺼리다'를 뜻합니다.

'쓸/괴로울 고(苦)'와 '어려울 난(難)'이 들어간 어휘

정답과 해설 124쪽

[1~4] 예문을 보고, 어휘의 알맞은 뜻을 찾아 ✓표를 하세요.

국어

고생 (괴로울 苦, 날 生)

경민이에게 당신이 어제 화재 현장에서 고생하신 얘기를 들려주었어요.

1 ☐ 괴로움을 극복하여 성장함.
☑ 어렵고 고된 일을 겪음. 또는 그런 일이나 생활.

도덕

고충 (괴로울 苦, 속마음 衷)

친구와 서로 고충을 이야기하며 해결 방법을 같이 찾아봅시다.

2 ☐ 몸에 통증이 있음.
☐ 괴로운 심정이나 사정.

사회

난민 (어려울 難, 백성 民)

전쟁으로 살 곳을 잃은 세 살배기 꼬마 난민의 죽음에 지구촌 시민들도 움직였습니다.

3 ☐ 다른 나라의 지배를 받고 있는 사람.
☐ 전쟁이나 재난 등으로 곤경에 빠진 사람.

체육

비난 (아닐 非, 어려울 難)

친구가 부족한 점이 있더라도 비난하지 않고 노력할 점을 이야기하며 응원해 주어요.

4 ☐ 남의 잘못이나 결점을 책잡아서 나쁘게 말함.
☐ 다른 사람들을 볼 낯이 없거나 스스로 떳떳하지 못함.

문제로 어휘 力 높여요

1 문장에 알맞은 어휘를 괄호 안에서 골라 ○표를 하세요.

'(고생 | 고민) 끝에 낙*이 온다'라는 속담은 어려운 일이나 고된 일을 겪은 뒤에 반드시 (깨달음 | 즐겁고 좋은 일)이 생긴다는 말이에요.

'낙'은 '樂(즐거울 낙)'을 쓰는 어휘야. 참고해서 알맞은 어휘를 골라 봐.

2 빈칸에 공통으로 들어갈 글자와 한자를 고르세요.

• [ ]치병: 고치기 어려운 병.
• 재[ ]: 뜻밖에 일어난 재앙과 고난.
• 피[ ]: 재난을 피하여 멀리 옮겨 감.

① 고(옛 古) ② 고(높을 高) ③ 산(낳을 產)
④ 난(따뜻할 暖) ⑤ 난(어려울 難)

3 빈칸에 '어려울 난(難)'이 들어가는 어휘를 각각 쓰세요.

보라: 최근에 전쟁으로 터전을 잃은 1 [ ]이/가 늘어나고 있대.

우진: 그렇구나. 이들이 2 [ ]을/를 겪지 않도록 힘을 모아 도와주면 좋겠다.

4 밑줄 친 부분과 바꾸어 쓸 수 있는 어휘를 선으로 이으세요.

1 친구의 단점을 지적하지 마세요. • • ㉠ 고충

2 괴로운 사정이 있는 사람은 상담을 신청하세요. • • ㉡ 비난

글 쓰며 표현力 높여요

정답과 해설 124쪽

‘쓸/괴로울 고(苦)’나 ‘어려울 난(難)’이 들어가는 어휘를 넣어서 글을 써 보세요.

하근찬의 「수난이대」에는 일제 강점기 때 강제로 전쟁에 나갔다가 한쪽 팔을 잃은 아버지와, 육이오 전쟁에 나갔다가 다리를 잃은 아들 이야기가 나와요. 이렇게 아픈 역사를 겪어 낸 우리 민족에게 짧은 편지를 전해 보세요.

고난, 고생, 고충, 고통 등에 ‘쓸/괴로울 고(苦)’가 들어가요.
난민, 수난, 피난 등에 ‘어려울 난(難)’이 들어가요.

예 강제로 전쟁터에 끌려가는 고통을 겪으시고, 몸도 잃으셨으니 고충이 말로 다 할 수 없었을 거예요. 고난을 잘 이겨 내 주신 우리 민족 덕분에 지금의 대한민국이 있을 수 있습니다. 정말 감사해요.

따라 쓰며 한자力 완성해요

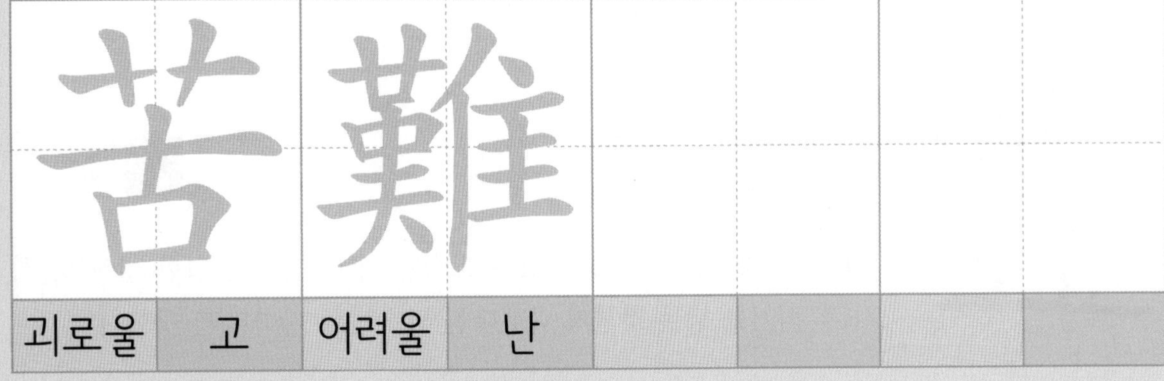

오늘의 학습을 평가해 보아요. 부족함 보통임 잘함

탈진(脫盡)

기운이 다 빠져 없어짐.

脫 벗을 탈

몸을 의미하는 '月(肉, 고기 육)'과 제거한다는 의미인 '兌(빛날 태)'를 합한 글자로, 살에서 뼈가 떨어진다는 의미에서 '벗다'를 뜻합니다.

盡 다할 진

'皿(그릇 명)'과 솔을 들고 있는 모습인 '聿(붓 율)'을 합한 글자로, 식사 후 식기를 닦는 것까지 다했다는 의미에서 '다하다'를 뜻합니다.

'벗을 탈(脫)'과 '다할 진(盡)'이 들어간 어휘

정답과 해설 125쪽

[1~4] 다음 어휘를 살펴보고, 빈칸에 알맞은 어휘를 찾아 한글로 쓰세요.

1 북한 [ ] 주민들은 모두 같은 민족이자 하나의 겨레입니다.

↳ 어떤 범위나 대열 등에서 벗어남.

2 나는 [ ] 애를 써서 반대하시는 부모님을 설득하였습니다.

↳ 다함이 없을 만큼 매우.

3 우리 몸에 있는 에너지가 [ ] 되면 이를 보충할 영양분이 필요합니다.

↳ 점점 줄어들어 다 없어짐. 또는 다 써서 없앰.

아래 문장에서는 이 어휘가 ①의 뜻으로 쓰였어.

4 이 세탁기는 습도가 높은 날에는 [ ] 을/를 세게 하는 등 날씨에 맞추어 동작할 수 있습니다.

↳ ① 어떤 물체 안에 들어 있는 물기를 뺌.
② 몸속의 수분이 모자라서 일어나는 증상.

문제로 어휘力 높여요

1

'脫(탈)' 자를 넣어, 밑줄 친 곳에 공통으로 들어갈 어휘를 쓰세요.

- 그는 며칠 동안 울기만 하다가 그만 ________을/를 했습니다.
- 아버지는 거의 ________ 상태에 있는 동생을 업고 병원으로 달렸습니다.

[✎]

2

밑줄 친 부분과 바꾸어 쓸 수 있는 어휘에 ✓표를 하세요.

1 화물열차가 선로를 <u>벗어나는</u> 사고가 일어났습니다.

☐ 이탈하는 ☐ 해탈하는 ☐ 탈피하는

2 경기 초반에 너무 빨리 달리면 힘을 금세 <u>다 쓰게 되니</u> 주의하시기 바랍니다.

☐ 탕진하니 ☐ 소진하니 ☐ 매진하니

3

빈칸에 들어갈 어휘를 보기에서 골라 쓰세요.

보기

탈의(벗을 脫, 옷 衣) 탈수(벗을 脫, 물 水)

1 물리치료를 받으시려면 겉옷을 [ ] 한 후에 치료실로 와 주세요.

2 여름철에 야외 활동을 오래 하게 되면 [ ] 현상이 나타날 수 있어요.

4

한자 성어의 알맞은 뜻을 괄호 안에서 골라 ○표를 하세요.

무궁무진(無窮無盡)

뜻 (시작 | 끝)이 없고 (생겨 남 | 다함)이 없다.

예문 내 친구는 재주가 <u>무궁무진</u>하게 많다.

앞에서 배웠던 '무진(無盡)'의 뜻과 관련이 있어. 그 뜻을 떠올려 보자.

글 쓰며 표현力 높여요

정답과 해설 125쪽

'벗을 탈(脫)'과 '다할 진(盡)'이 들어가는 어휘를 넣어서 글을 써 보세요.

찌는 듯이 더운 여름, 동생이 친구들과 바다로 놀러 간대요. 장소를 보니 작년에 갔던 곳이네요. 주의할 점이나 알아 두면 좋은 점 등을 이야기해 주세요.

도움말 탈진, 이탈, 탈수, 탈의 등에 '벗을 탈(脫)'이 들어가요.
소진, 무진, 매진, 탕진 등에 '다할 진(盡)'이 들어가요.

예 햇볕이 뜨거우니, 탈수 증상이 생기지 않도록 틈틈이 쉬면서 물을 많이 마셔야 해. 바다에서 수영할 때에는 탈의실에서 수영에 적합한 옷으로 갈아입고, 지정된 범위를 이탈하지 않아야 안전해.

따라 쓰며 한자力 완성해요

오늘의 학습을 평가해 보아요. 부족함 보통임 잘함

환희(歡喜)

매우 기뻐함. 또는 큰 기쁨.

歡 기쁠 환

'황새 관(雚)'과 '하품 흠(欠)'을 합한 글자로, 입을 크게 벌리고 즐거워 한다는 의미에서 '기쁘다'를 뜻합니다.

영상으로 필순 보기

喜 기쁠 희

영상으로 필순 보기

'壴(악기 이름 주)'와 '口(입 구)'를 합한 글자로, 북을 치고 노래를 부르며 즐거워한다는 의미에서 '기쁘다'를 뜻합니다.

'歡(기쁠 환)'과 '喜(기쁠 희)'가 들어간 어휘

정답과 해설 126쪽

[1~4] 다음 어휘를 살펴보고, 빈칸에 알맞은 어휘를 찾아 한글로 쓰세요.

1 선조들은 가까운 이웃과 (　　　　)을/를 함께 나누며 살아왔습니다.

↳ 기쁨과 노여움과 슬픔과 즐거움을 아울러 이르는 말.

2 이 탈은 에스파냐의 (　　　　)에서 사용했던 턱이 없는 가면이에요.

↳ 인간과 사회의 문제점을 경쾌하고 흥미 있게 다룬 연극.

3 하와이의 꽃목걸이 '레이'는 (　　　　)와/과 축하, 감사 등을 표현합니다.

↳ 오는 사람을 기쁜 마음으로 반갑게 맞음.

4 사람들의 사랑과 (　　　　)을/를 받는 선수들은 자기만의 기쁨을 나타내는 동작이 있습니다.

↳ 기뻐서 큰 소리로 부르짖음.

문제로 어휘 力 높여요

1 빈칸에 '기쁠 환(歡)'이 들어가는 어휘를 각각 쓰세요.

경기를 승리로 이끈 선수들은 1 [ ] 에 찬 표정으로 관중에게 손을 흔들었고, 이들을 응원하던 사람들은 모두 2 [ ] 했다.

2 밑줄 친 곳에 들어갈 어휘를 순서대로 쓴 것을 고르세요.

__________은 인간과 사회의 문제점을 경쾌하고 흥미 있게 다룬 연극이고, __________은 인생의 슬픔 등을 주제로 불행한 결말을 맞이하는 연극이에요.

① 사극, 비극　② 희극, 극본　③ 희극, 비극
④ 비극, 희극　⑤ 악극, 비극

3 빈칸에 들어갈 글자에 ✓표를 하세요.

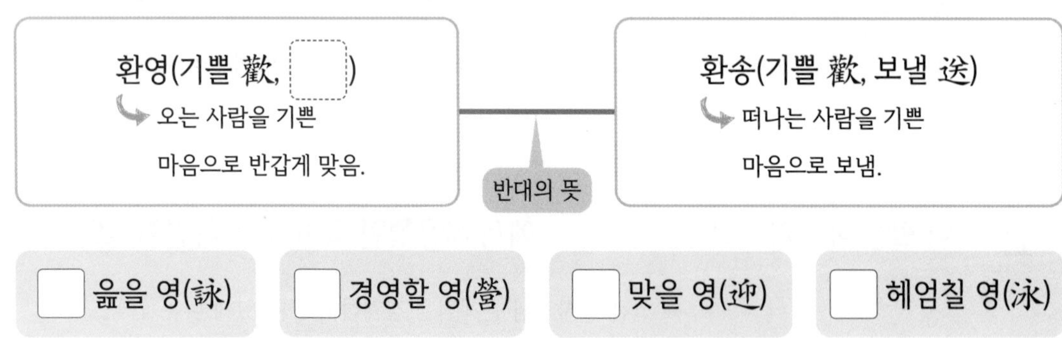

환영(기쁠 歡, [ ])
오는 사람을 기쁜 마음으로 반갑게 맞음.
반대의 뜻
환송(기쁠 歡, 보낼 送)
떠나는 사람을 기쁜 마음으로 보냄.

☐ 읊을 영(詠)　☐ 경영할 영(營)　☐ 맞을 영(迎)　☐ 헤엄칠 영(泳)

4 빈칸에 '희로애락(喜怒哀樂)'을 쓸 수 있는 문장의 기호를 쓰세요.

㉠ 나와 친구들은 모두 들떠서 [ ] 하며 재잘거렸다.

㉡ 예원이는 나와 항상 함께하며 [ ] 을 나누는 단짝이다.

[✎]

글 쓰며 표현力 높여요

정답과 해설 126쪽

● '歡(기쁠 환)'이나 '喜(기쁠 희)'가 들어가는 어휘를 넣어서 글을 써 보세요.

매일 똑같은 하루가 지칠 때도 있죠? 사소한 일이라도 그 안에서 기쁨을 발견하면, 반복된 일상도 즐겁게 보낼 수 있어요. 나의 하루를 돌아보고, 오늘의 기쁜 일을 찾아보세요!

도움말 환희, 환영, 환호, 환대 등에 '기쁠 환(歡)'이 들어가요.
희로애락, 희희낙락, 희소식 등에 '기쁠 희(喜)'가 들어가요.

예 급식 차림표를 보니, 갈비가 나온다는 희소식이 적혀 있었다. 덕분에 "환영한다, 갈비야! 어서 내 입속으로 들어와!"하고 외치며, 친구와 희희낙락할 수 있었다.

따라 쓰며 한자力 완성해요

歡		喜					
기쁠	환	기쁠	희				

오늘의 학습을 평가해 보아요. 부족함 보통임 잘함

16~20 독해로 마무리해요

정답과 해설 127쪽

1~2 다음 글을 읽고, 물음에 답하세요.

'상괭이'는 한국 토종 돌고래로, 웃는 표정으로 생겨, 마치 환희(歡喜)에 찬 얼굴처럼 보입니다. 그런데 이 '웃는 돌고래'의 수가 매년 빠르게 줄어들고 있다고 합니다. 이러한 상괭이의 고난(苦難)이 지속(持續)되면, 곧 상괭이는 우리와 공존(共存)하지 못하게 될 것입니다. 그 원인을 전문가에게 의뢰(依賴)한 결과, 다른 물고기를 잡기 위해 쳐 놓은 그물에 상괭이가 섞여 잡히고 있다는 것을 밝혀냈습니다. 그럼 포유동물인 상괭이는 그물을 이탈(離脫)하지 못하고 물속에서 질식사하게 됩니다. 이러한 상괭이의 고충(苦衷)이 밝혀진 후, 상괭이를 돕자는 운동이 벌어지고 있습니다. 상괭이의 미소를 보존(保存)할 수 있도록 모두가 관심을 기울이고, 적극적으로 지원(支援)해야 하겠습니다. 바다에 가면 언제라도 상괭이가 환영(歡迎)해 주기를 기대해 봅니다.

1 '상괭이'가 고난에 빠진 까닭이 무엇인지, 빈칸에 들어갈 말을 쓰세요.

{ 다른 물고기를 잡기 위한 ☐☐에 상괭이가 걸려서 }

2 '상괭이'에 대한 설명으로 알맞은 것은?

① 외국에서 들어온 고래이다.
② 마치 화가 난 것처럼 생겼다.
③ 그 종류가 계속 늘어나고 있다.
④ 다른 물고기의 공격을 받고 있다.
⑤ 멸종을 막기 위한 운동이 벌어지고 있다.

동 고 동 락
같을 同 쓸/괴로울 苦 같을 同 즐거울 樂

괴로움도 즐거움도 함께한다는 뜻으로, 나와 항상 함께해 주는 존재를 이를 때 쓰는 말입니다.

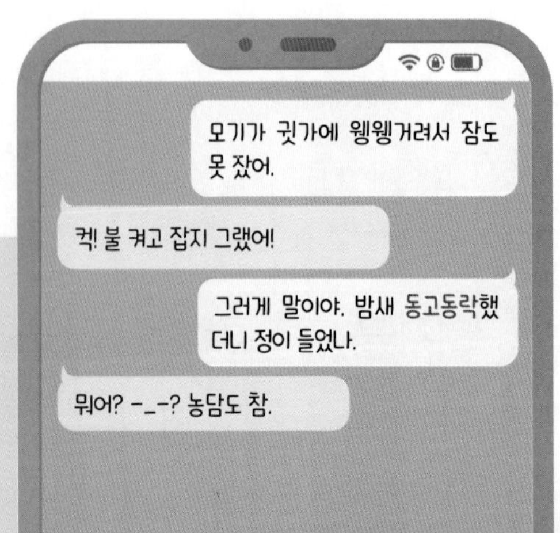

모기가 귓가에 웽웽거려서 잠도 못 잤어.
켁! 불 켜고 잡지 그랬어!
그러게 말이야. 밤새 동고동락했더니 정이 들었나.
뭐어? -_-? 농담도 참.

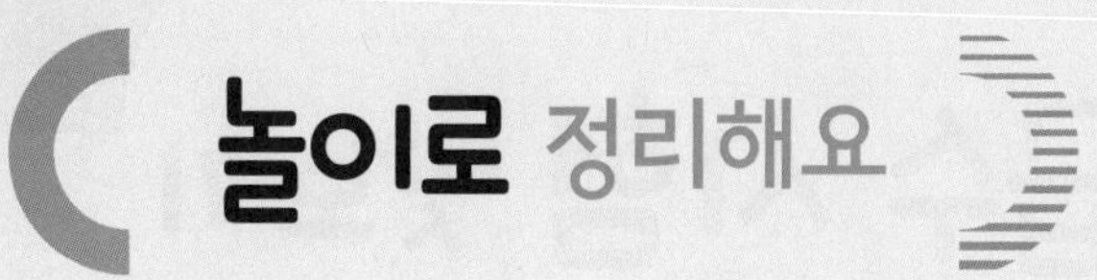

정답과 해설 127쪽

뜻풀이에 해당하는 어휘를 골라 퍼즐을 맞춰 보세요.

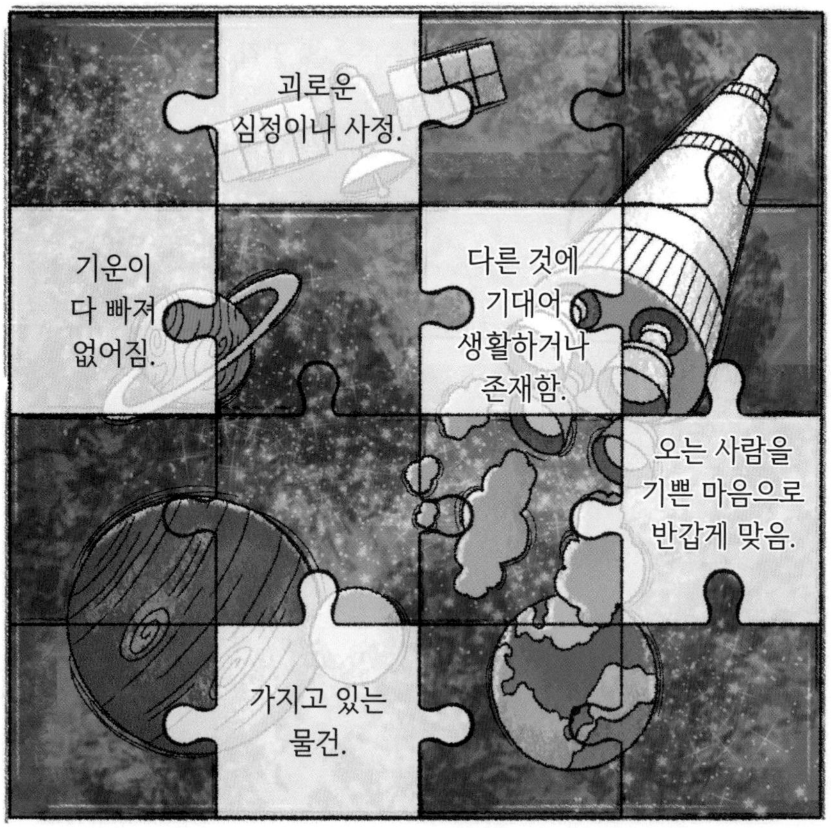

괴로운 심정이나 사정.

기운이 다 빠져 없어짐.

다른 것에 기대어 생활하거나 존재함.

오는 사람을 기쁜 마음으로 반갑게 맞음.

가지고 있는 물건.

의존(依存)

고충(苦衷)

희극(喜劇)

지지(支持)

환영(歡迎)

소지품(所持品)

탈진(脫盡)

이탈(離脫)

급수 시험 맛보기

1 한자의 뜻과 음으로 알맞은 것을 고르세요.

1 任 ① 문서 권 ② 준할 준 ③ 맡길 임 ④ 다할 진

2 投 ① 던질 투 ② 구를 전 ③ 재물 자 ④ 평할 평

2 뜻과 음에 알맞은 한자를 고르세요.

1 볼 간 ① 過 ② 看 ③ 傷 ④ 支

2 머리 두 ① 頭 ② 沒 ③ 危 ④ 脫

3 어휘를 바르게 읽은 것을 고르세요.

1 依存 ① 의지 ② 의존 ③ 보존 ④ 공존

2 優勝 ① 우수 ② 우대 ③ 우승 ④ 결승

4 어휘의 뜻으로 알맞은 것을 고르세요.

1 苦難

① 가치와 수준. ② 기쁨과 재미. ③ 해로움과 손실. ④ 괴로움과 어려움.

2 標準

① 어떤 목적을 이루려고 대상으로 삼은 것.

② 여러 사람이 다 같이 지키기로 작정한 법칙.

③ 필요할 때 쓰기 위하여 미리 마련하거나 갖추어 놓음.

④ 사물의 크기, 수량, 가치, 질 등을 재거나 판단하기 위한 근거나 기준.

정답과 해설 128쪽

5 밑줄 친 한자를 바르게 읽은 것을 고르세요.

1 나는 국어학을 專攻으로 선택하였다.

① 내공 ② 전공 ③ 전담 ④ 전문

2 그는 가슴을 콩닥거리며 시험지를 採點했다.

① 채점 ② 채택 ③ 득점 ④ 관점

6 밑줄 친 어휘를 한자로 바르게 쓴 것을 고르세요.

그의 당당한 태도에는 자신의 직업에 대한 자부심이 깃들어 있다.

① 利己心 ② 自尊心 ③ 自負心 ④ 自信感

7 다음 한자와 뜻이 비슷한 한자를 고르세요.

1 差 ① 票 ② 異 ③ 物 ④ 好

2 歡 ① 怒 ② 呼 ③ 哀 ④ 喜

8 빈칸에 공통으로 들어갈 한자를 고르세요.

- 우리 학교의 교훈은 [ ]勉 · 성실이다.
- 사람들은 보다 좋은 [ ]勞 환경에서 일하기를 원한다.

① 勤 ② 證 ③ 動 ④ 判

정답과 해설

정답
QR 코드

01-05 104쪽

06-10 110쪽

11-15 116쪽

16-20 122쪽

급수 시험 맛보기 128쪽

완자

공부력 가이드

완자 공부력 시리즈는
앞으로도 계속 출간될 예정입니다.

완자 공부력 시리즈로 공부 근육을 키워요!

매일 성장하는
초등 자기개발서
완자
공부력

학습의 기초가 되는 읽기, 쓰기, 셈하기와 관련된 공부력을 키워야 여러 교과를 터득하기 쉬워집니다. 또한 어휘력과 독해력, 쓰기력, 계산력을 바탕으로 한 '공부력'은 자기주도 학습으로 상당한 단계까지 올라갈 수 있는 밑바탕이 되어 줍니다. 그래서 매일 꾸준한 학습이 가능한 '**완자 공부력 시리즈**'로 공부하면 **자기주도학습이 가능한 튼튼한 공부 근육**을 키울 수 있을 것이라 확신합니다.

효과적인 공부력 강화 계획을 세워요!

학년별 공부 계획

내 학년에 맞게 꾸준하게 공부 계획을 세워요!

		1-2학년	3-4학년	5-6학년
기본	독해	국어 독해 1A 1B 2A 2B	국어 독해 3A 3B 4A 4B	국어 독해 5A 5B 6A 6B
	계산	수학 계산 1A 1B 2A 2B	수학 계산 3A 3B 4A 4B	수학 계산 5A 5B 6A 6B
	어휘	전과목 어휘 1A 1B 2A 2B	전과목 어휘 3A 3B 4A 4B	전과목 어휘 5A 5B 6A 6B
		파닉스 1 2	영단어 3A 3B 4A 4B	영단어 5A 5B 6A 6B
확장	어휘	전과목 한자 어휘 1A 1B 2A 2B	전과목 한자 어휘 3A 3B 4A 4B	전과목 한자 어휘 5A 5B 6A 6B
	쓰기	맞춤법 바로 쓰기 1A 1B 2A 2B		
	독해		한국사 독해 인물편 1 2 3 4	
			한국사 독해 시대편 1 2 3 4	

시기별 공부 계획

학기 중에는 **기본**, 방학 중에는 **기본 + 확장**으로 공부 계획을 세워요!

방학 중			
학기 중			
기본			확장
독해	계산	어휘	어휘, 쓰기, 독해
국어 독해	수학 계산	전과목 어휘	전과목 한자 어휘
		파닉스(1~2학년) 영단어(3~6학년)	맞춤법 바로 쓰기(1~2학년) 한국사 독해(3~6학년)

예시 초1 학기 중 공부 계획표 주 5일 하루 3과목 (45분)

월	화	수	목	금
국어 독해	국어 독해	국어 독해	국어 독해	국어 독해
수학 계산	수학 계산	수학 계산	수학 계산	수학 계산
전과목 어휘	파닉스	전과목 어휘	전과목 어휘	파닉스

예시 초4 방학 중 공부 계획표 주 5일 하루 4과목 (60분)

월	화	수	목	금
국어 독해	국어 독해	국어 독해	국어 독해	국어 독해
수학 계산	수학 계산	수학 계산	수학 계산	수학 계산
전과목 어휘	영단어	전과목 어휘	전과목 어휘	영단어
한국사 독해 인물편	전과목 한자 어휘	한국사 독해 인물편	전과목 한자 어휘	한국사 독해 인물편

근로(勤勞)

○ '부지런할 근(勤)'과 '일할 로(勞)'가 들어간 어휘

본문 9쪽

1 **근면(勤勉)**
- ☐ 게으름을 피움.
- ☑ 부지런히 일하며 힘씀.

2 **근정전(勤政殿)**
- ☐ 경복궁 안에 있는 정전. 임금이 식사를 하거나 잠을 자던 곳.
- ☑ 경복궁 안에 있는 정전. 임금의 즉위식이나 큰 의식을 거행하던 곳.

3 **노동(勞動)**
- ☐ 전문적으로 하는 것이 아니라 즐기기 위하여 하는 일.
- ☑ 필요한 물자를 얻기 위해 육체적, 정신적 노력을 들이는 행위.

4 **노사(勞使)**
- ☐ 판매자와 고객을 아울러 이르는 말.
- ☑ 노동자와 노동자를 고용하는 개인이나 법인을 아울러 이르는 말.

문제로 어휘力 높여요

본문 10쪽

1 부지런히 일하는 사람.

'근로'는 '부지런할 근(勤)'과 '일할 로(勞)'를 합하여 부지런히 일함을 뜻한다. '자(者)'는 사람을 의미하므로, '근로자'는 부지런히 일하는 사람이라고 볼 수 있다.

2 근면

부지런하게 노력하여 상장을 받는 내용이므로, 빈칸에 부지런히 일하며 힘씀을 의미하는 '근면(勤勉)'이 들어가야 한다.

3 1 동　2 사

4 근정전

제시된 사진과 설명은 경복궁 근정전(勤政殿)에 대한 내용이다. 근정전의 이름은 '부지런할 근(勤)', '다스릴 정(政)', '큰집 전(殿)' 자를 써서 부지런히 나라를 다스리라는 의미를 담고 있다.

글 쓰며 표현力 높여요

본문 11쪽

예시 우리 회사에서 직원을 뽑는 첫 번째 조건은 '근면함'입니다. 성실한 자세로 열심히 근무하실 준비가 된 분들은 많이 지원해 주세요. 임금과 복지에 대한 노사 협상도 언제든지 열려 있습니다.

평판(評判)

‘평할 평(評)’과 ‘판단할 판(判)’이 들어간 어휘

본문 13쪽

1	평가(評價)	☐ 사물의 가격을 조절함. ☑ 사물의 가치나 수준 등을 헤아려 정함.
2	비평(批評)	☐ 둘 이상의 사물을 견주어 보며 유사점, 차이점 등을 말함. ☑ 사물의 옳고 그름, 아름다움, 추함 등을 분석하여 가치를 논함.
3	재판(裁判)	☐ 이미 끝난 사건을 다시 한번 판단하는 일. ☑ 소송 사건의 해결을 위해 법원이나 법관이 판단을 내리는 일.
4	판정(判定)	☑ 판별하여 결정함. ☐ 잘못한 일을 용서함.

문제로 어휘力 높여요

본문 14쪽

1 ③

‘평판’, ‘품평’, ‘호평’의 ‘평(評)’에는 모두 ‘평하다’는 의미가 들어가 있다.

2 재판

첫 번째 문장의 ‘판사’는 법원의 법관이고, 두 번째 문장은 무거운 형벌을 내릴 때 법률에 근거하여 판단을 내리는 과정이 필요했다는 내용이다. 따라서 빈칸에는 어휘로 소송 사건의 해결을 위해 법원이나 법관이 판단을 내리는 일을 뜻하는 ‘재판(裁判)’이 들어가야 한다.

3 1 비평 2 평가

1 다양한 문학 작품의 가치를 논하는 평론가가 되고 싶다는 문장이므로, ‘비평(批評)’이 알맞다. ‘비난(非難)’은 남의 잘못이나 결점을 책잡아서 나쁘게 말하는 것을 의미한다.

2 특산품이 사람들에게 좋은 평을 받기 시작했다는 문장이므로, ‘평가(評價)’가 알맞다. ‘가격(價格)’은 물건이 지니고 있는 가치를 돈으로 나타낸 것을 의미한다.

4 판정

‘판정(判定)’은 ‘판별하여 결정함.’이라는 의미이므로, ‘결정’과 바꾸어 쓸 수 있다. ‘실수(失手)’는 조심하지 아니하여 잘못한다는 의미이다. ‘추리(推理)’는 알고 있는 것을 바탕으로 알지 못하는 것을 미루어서 생각한다는 의미이다. 두 어휘 모두 심판이 결정을 내리는 일과는 관련이 없다.

글 쓰며 표현力 높여요

본문 15쪽

예시 욕심 많은 성격으로 평소에도 평판이 좋지 않았던 놀부는, 재물을 얻기 위해 제비의 다리를 일부러 부러뜨리기까지 했습니다. 놀부가 자신의 행동을 반성할 때까지 아픈 동물을 돌보는 봉사 활동을 하도록 판결합니다.

03 우승(優勝)

● '뛰어날 우(優)'와 '이길 승(勝)'이 들어간 어휘

본문 17쪽

1 드디어 올림픽 탁구 [결승전]이/가 시작합니다.

2 사진 동아리에서는 사진을 편집할 수 있는 사람을 [우대]합니다.

3 국민들은 민주주의를 탄압했던 정권에 맞서 싸워 [승리]했습니다.

4 문화유산 소개 자료를 만들며 우리 지역 문화유산의 [우수]함을 알 수 있었다.

문제로 어휘力 높여요

본문 18쪽

1 ③

'우수(優秀)'는 '여럿 가운데 뛰어남.'을 뜻하는 어휘로, 제시된 문장에서 '우(優)' 자는 '뛰어나다'라는 뜻으로 쓰였다.

2 우대

특별히 잘 대우한다는 의미를 지닌 어휘는 '뛰어날 우(優)'와 '대우할 대(待)'를 합한 '우대(優待)'이다. '기대(期待)'는 어떤 일이 원하는 대로 이루어지기를 바라면서 기다림을, '홀대(忽待)'는 소홀히 대접함을, '냉대(冷待)'는 정성을 들이지 않고 아무렇게나 대접함을 뜻한다.

3 1 마지막 2 이겨 첫째를

1 치열한 경기 끝에 열리는 경기를 의미하므로, '결승전(決勝戰)'은 운동 경기에서, 마지막으로 승부를 가리는 시합임을 알 수 있다.

2 긴장한 나머지 경기 결과가 좋지 못한 것을 의미하므로, '우승(優勝)'은 경기, 경주 등에서 이겨 첫째를 차지하는 것임을 알 수 있다.

4 승리

독립군이 청산리 일대에서 끝내 일본군을 무찔렀다는 내용이므로, 빈칸에는 겨루어서 이긴다는 의미의 '승리(勝利)'가 들어갈 수 있다.

글 쓰며 표현力 높여요

본문 19쪽

예시 훈련 기간 동안 많은 지원과 우대를 받아, 감사하게 생각합니다. 여러분의 응원에 힘입어 그동안 열심히 노력했습니다. 매 순간 최선을 다해 승부를 펼치고, 우수한 성적으로 보답하겠습니다.

04 전공(專攻)

'오로지 전(專)'과 '칠 공(攻)'이 들어간 어휘

본문 21쪽

1 1950년 6월 25일, 북한군이 38도선 이남을 [침공]했습니다.

2 [전문가]의 의견을 예로 들어 주장에 대한 근거를 설명했습니다.

3 남한산성은 지형이 험준해서 적의 [공격]을/를 방어하는 데 유리합니다.

4 음식물 쓰레기는 수거함에 버리거나 [전용] 종량제 봉투에 담아 버립니다.

문제로 어휘力 높여요

본문 22쪽

1 1 어느 한 분야 2 일정한 부문에만 한하여

1 '전공(專攻)'은 어느 한 분야를 전문적으로 연구하는 것을 의미한다.
2 '전용(專用)'은 특정한 목적으로 일정한 부문에만 한하여 씀을 의미한다.

2 어떤 분야에 상당한 지식과 경험을 가진 사람.

'전문가(專門家)'는 어떤 분야를 연구하거나 그 일에 종사하여 그 분야에 상당한 지식과 경험을 가진 사람을 말한다. '전문가'에서 '문 문(門)'은 부문, 분야 등의 뜻으로 쓰였고, '집 가(家)'는 학문이나 기예가 뛰어난 사람이라는 뜻으로 쓰였다.

3 공격

첫 번째 문장은 경기에서 상대편을 이기기 위해 적극적으로 움직였다는 내용이고, 두 번째 문장은 적을 쳐서 적군의 배를 다 부수었다는 내용이다. 따라서 빈칸에 공통으로 들어갈 어휘는 '공격(攻擊)'이 알맞다. '공격'은 첫 번째 문장에서는 운동 경기나 오락에서 상대편을 이기기 위한 행동이라는 뜻으로, 두 번째 문장에서는 나아가 적을 친다는 뜻으로 쓰였다.

4 침공

밑줄 친 부분은 다른 나라를 침범하여 공격함을 뜻하는 어휘인 '침공(侵攻)'과 바꾸어 쓸 수 있다. '병합(倂合)'은 둘 이상의 기구나 단체, 나라 따위가 하나로 합쳐진다는 의미이다. '동맹(同盟)'은 둘 이상의 개인이나 단체, 또는 국가가 서로의 이익이나 목적을 위하여 동일하게 행동하기로 맹세하여 맺는 약속이나 조직체라는 의미이다. '멸망(滅亡)'은 망하여 없어진다는 의미이다.

글 쓰며 표현力 높여요

본문 23쪽

예시 저는 모든 사람이 전쟁으로부터 안전하게 살 수 있기를 바랍니다. 그래서 전문가들을 모두 모아 어떤 공격도 막아낼 수 있는 레이저 방어막을 만들 거예요. 그 안에는 아이들만 들어갈 수 있는 전용 놀이터도 설치할 것입니다.

05 취임(就任)

'나아갈 취(就)'와 '맡길 임(任)'이 들어간 어휘 본문 25쪽

1	취업(就業)	☑ 일정한 직업을 잡아 직장에 나감. ☐ 기업이나 사업 등을 관리하고 운영함.
2	성취(成就)	☑ 목적한 바를 이룸. ☐ 목적한 바를 그르침.
3	담임(擔任)	☐ 학교의 으뜸 직위에 있는 사람. ☑ 어떤 학급이나 학년을 책임지고 맡아봄. 또는 그런 사람.
4	책임(責任)	☐ 요구할 수 있는 힘이나 자격. ☑ 맡아서 해야 할 임무나 의무. 또는 결과에 대하여 지는 의무나 부담.

문제로 어휘力 높여요

본문 26쪽

1 책임

첫 번째 문장은 어떤 일의 결과에 대하여 지는 의무를 지키기 위해, 자리에서 물러났다는 내용이고, 두 번째 문장은 자신에게 주어진 임무를 다하겠다는 내용이다. 그러므로 빈칸에는 '맡아서 해야 할 임무나 의무. 또는 결과에 대하여 지는 의무나 부담.'을 뜻하는 '책임(責任)'이 알맞다.

2 1 ㉡ 2 ㉠

1 대통령으로 당선된 사람이 맡은 자리에 처음으로 나아갔던 날 많은 사람이 모였다는 내용이므로, '취임(就任)'은 새로운 직무를 수행하기 위하여 맡은 자리에 처음으로 나아감을 의미한다.

2 기계 공학과를 졸업하고 관련 직종인 자동차 회사에서 일하게 되었다는 내용이므로, '취업(就業)'은 일정한 직업을 잡아 직장에 나감을 의미한다.

3 성취

밑줄 친 '목표를 달성하고'는 목적한 바를 이루었다는 의미이므로, '성취(成就)'와 뜻이 비슷하다. '취(就)'는 여기서 '이루다'의 뜻으로 쓰였다.

4 담임

6학년 5반을 책임지고 맡는다고 하였으므로, 어떤 학급이나 학년을 책임지고 맡아봄을 의미하는 '담임(擔任)'이 적절하다.

글 쓰며 표현力 높여요

본문 27쪽

예시 저는 우리 회사가 더욱 발전할 수 있도록 대표 이사로서 주어진 임무에 충실할 것입니다. 임직원 여러분도 각자의 자리에서 책임을 다해 주실 것을 부탁합니다. 또한 저는 우리나라의 취업난 해결에 도움이 되기를 바라는 마음으로 일자리를 늘려, 더 많은 사람이 우리 회사에 취직할 수 있도록 노력하겠습니다.

01~05 독해 / 놀이

독해로 마무리해요

본문 28쪽

1 노동

이 글에서 전태일은 열악한 노동 환경을 변화하고, 근로자의 처우를 개선하기 위해 투쟁했다고 하였다. 그러므로 전태일은 노동 환경 변화를 위해 투쟁한 인물임을 알 수 있다.

2 ②

이 글에서 전태일은 '우리는 기계가 아니다. 근로 기준법을 준수하라.'라고 외치면서, 죽음으로 부당한 현실을 고발했다고 하였다. 그러므로 전태일은 근로 기준법 준수를 요구했음을 알 수 있다.

놀이로 정리해요

본문 29쪽

뜻풀이와 초성을 단서로 어휘를 완성하며 징검다리를 건너 보세요.
세상 사람들의 비평.
평 판 (評判)
경기, 경주 등에서 이겨 첫째를 차지함.
우 승 (優勝)
일정한 직업을 잡아 직장에 나감.
취 업 (就業)
어느 한 분야를 전문적으로 연구함. 또는 그 분야.
전 공 (專攻)
부지런히 일함.
근 로 (勤勞)

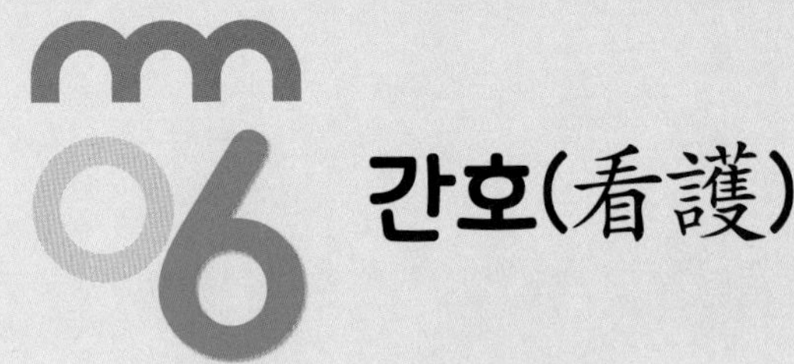

간호(看護)

‘볼 간(看)’과 ‘도울/보호할 호(護)’가 들어간 어휘

본문 31쪽

1 **간판(看板)**
- ☐ 벽이나 게시판에 붙여 널리 알리는 글.
- ☑ 상점이나 기관의 이름을 사람들이 쉽게 볼 수 있게 걸거나 붙인 판.

2 **간과(看過)**
- ☑ 큰 관심 없이 대강 보아 넘김.
- ☐ 어떤 것에 마음이 이끌려 주의를 기울임.

3 **변호(辯護)**
- ☐ 옳고 그름이나 선악을 판단하여 결정함.
- ☑ 남의 이익을 위하여 변명하고 감싸서 도와줌.

4 **보호(保護)**
- ☐ 다른 사람에게 받은 은혜를 갚음.
- ☑ 위험하거나 곤란해지지 않게 지키고 보살핌.

문제로 **어휘力** 높여요

본문 32쪽

1 간판

가게를 알리는 것으로, 일정한 크기에 맞춰 걸어 놓는다고 했으므로 상점이나 기관의 이름을 사람들이 쉽게 볼 수 있게 걸거나 붙인 판을 가리키는 ‘간판(看板)’이 알맞다. ‘명함(名銜)’은 이름과 직업, 신분 등을 적은 네모난 종이쪽을 가리킨다.

2 간병

‘간호(看護)’는 다쳤거나 앓고 있는 환자나 노약자를 보살피고 돌봄을 의미하는 말로, 앓는 사람이나 다친 사람의 곁에서 돌보고 시중을 든다는 의미인 ‘간병(看病)’과 뜻이 비슷하다. ‘간수’는 물건 등을 잘 거두어 보호하거나 보관함을 뜻하고, ‘간직’은 물건 등을 어떤 장소에 잘 간수하여 둠을 뜻하며, ‘간섭(干涉)’은 직접 관계가 없는 남의 일에 부당하게 참견함을 뜻한다.

3 보전, 훼손

‘보호(保護)’는 위험하거나 곤란해지지 않게 지키고 보살핌을 의미한다. 이와 비슷한 뜻을 가진 어휘는 온전하게 보호하여 유지함을 뜻하는 ‘보전(保全)’이고, 반대의 뜻을 가진 어휘는 헐거나 깨뜨려 못 쓰게 만듦을 뜻하는 ‘훼손(毁損)’이다.

4 간과

몸이 이상하다고 느껴지는 것을 가볍게 여겨 넘기면 더 큰 질병으로 이어질 수 있다는 내용이므로, 빈칸에는 큰 관심 없이 대강 보아 넘김을 의미하는 ‘간과(看過)’가 들어가야 한다.

글 쓰며 **표현力** 높여요

본문 33쪽

예시 일단 고양이의 상처가 아물 때까지 제가 정성스럽게 간호해 줄 것입니다. 그리고 전단지를 붙여 고양이를 애타게 찾고 있을 보호자를 찾아 주고 싶어요.

부상(負傷)

○ '질 부(負)'와 '다칠 상(傷)'이 들어간 어휘

본문 35쪽

1 화상 을/를 입었을 때에는 우선 흐르는 찬물에 대어 열기를 뺀다.

2 소방관은 생명을 구하는 직업이므로, 큰 자부심 을/를 가질 수 있다.

3 '스프링 지퍼'는 옷감이 손상 되는 것을 쉽게 해결할 수 있는 발명품입니다.

4 스피드 스케이팅은 선수들이 얼음판 위에서 승부 을/를 겨루는 경기입니다.

문제로 어휘力 높여요

본문 36쪽

1 ①

제시된 뜻을 가진 어휘는 '불 화(火)'와 '다칠 상(傷)'을 합한 '화상(火傷)'이다. '동상(凍傷)'은 심한 추위로 살갗이 얼어서 상하는 것이고, '낙상(落傷)'은 떨어지거나 넘어져서 다치는 것을 말한다. '타박상(打撲傷)'은 맞거나 부딪쳐 생긴 상처이고, '찰과상(擦過傷)'은 무엇에 스치거나 문질려서 살갗이 벗어진 상처를 말한다.

2 승패

'승패(勝敗)'는 승리와 패배를 아울러 이르는 말로, 운동 경기나 일 등에서 이기는 것과 지는 것을 의미하는 '승부(勝負)'와 뜻이 비슷하다. '패배(敗北)'는 싸움이나 겨루기에서 짐을, '승률(勝率)'은 경기 등에서 이긴 비율을, '시범(示範)'은 모범을 보임을 의미한다.

3 1 손상 2 부상

1 그릇에 흠이 있어 싸게 판다는 내용이므로, 빈칸에는 '물체가 깨지거나 상함. 또는 품질이 변하여 나빠짐.'을 뜻하는 '손상(損傷)'이 들어가야 한다.

2 준비 운동을 하여 경기 중에 몸이 다치는 일을 막자는 내용이므로, 빈칸에는 몸에 상처를 입음을 의미하는 '부상(負傷)'이 들어가야 한다.

4 ④

'자부심(自負心)'은 자신을 가지고 스스로 당당히 여기는 마음을 의미하므로, 잘난 척을 했던 지난 일을 떠올리며 느끼는 마음이나 감정과는 어울리지 않는다. 따라서 ④에는 '자부심'이 아니라 '수치심'이나 '부끄러움' 등의 어휘가 들어가야 한다.

글 쓰며 표현力 높여요

본문 37쪽

예시 위험한 물건이 많은 곳에서 뛰면 여기저기 부딪혀서 타박상을 입을 수 있어. 그러니 부상당할 위험이 적은 곳에서 놀자. 혹시 상처가 났다면 흉터로 남지 않게 꼭 약을 발라야 해.

위험(危險)

‘위태할 위(危)’와 ‘험할 험(險)’이 들어간 어휘

본문 39쪽

1 친구를 [험담]하는 것은 좋지 않아.

2 나는 모르는 곳을 [탐험]하기를 좋아한다.

3 환경 오염, 사람들의 욕심으로 많은 동물이 멸종 [위기]에 처해 있다.

4 [위급]할 때 순식간에 부풀어 오르는 구명조끼에 이산화 탄소가 이용된다.

문제로 어휘力 높여요

본문 40쪽

1 ②

‘위험(危險)’은 해로움이나 손실이 생길 우려가 있음을 의미하는 말로, 위험이 생기거나 사고가 날 염려가 없는 상태를 의미하는 ‘안전(安全)’과 뜻이 반대된다. ‘위태(危殆)’는 어떤 형세가 마음을 놓을 수 없을 만큼 위험함을 뜻하고, ‘위협(威脅)’은 힘으로 으르고 협박함을 뜻한다. ‘손실(損失)’은 잃어버리거나 축나서 손해를 봄을 뜻하고, ‘불안(不安)’은 마음이 편하지 아니하고 조마조마함을 뜻한다.

2 헐뜯다

‘헐뜯다’는 남을 해치려고 헐거나 해쳐서 말하는 것을 의미하는 어휘로, 남의 흠을 들추어 헐뜯음을 의미하는 ‘험담(險談)하다’와 뜻이 비슷하다. ‘칭찬(稱讚)하다’는 좋은 점이나 착하고 훌륭한 일을 높이 평가하는 것을 뜻하고, ‘침묵(沈默)하다’는 아무 말도 없이 잠잠히 있는 것을 뜻한다.

3 1 위급 2 위기

1 구급차가 출동하여 환자를 급하게 병원으로 옮기는 내용이므로, 일의 상황이나 상태가 위태롭고 급함을 의미하는 ‘위급(危急)’이 알맞다. ‘위엄(威嚴)’은 존경할 만한 위세가 있어 점잖고 엄숙함을 뜻한다.

2 나라가 위험한 순간을 극복하자는 내용이므로, 아슬아슬한 순간이나 고비를 의미하는 ‘위기(危機)’가 알맞다. ‘위상(位相)’은 어떤 사물이 다른 사물과의 관계 속에서 가지는 위치나 상태를 뜻한다.

4 ㉣

‘탐험(探險)’은 위험을 무릅쓰고 어떤 곳을 찾아가서 살펴보고 조사함을 의미하는 어휘로, ‘험할 험(險)’이 쓰인다. ‘경험(經驗)’, ‘시험(試驗)’, ‘실험(實驗)’에는 모두 ‘시험 험(驗)’이 쓰인다.

글 쓰며 표현力 높여요

본문 41쪽

예시 먼 옛날 전설의 마법사가 숨겨 두었다는 놀라운 보물을 찾기 위해, 험준한 산속에 있는 동굴을 탐험하고 싶습니다. 때로는 위험한 상황에 닥치기도 하겠지만, 스스로 위기를 극복하는 능력을 키울 수 있을 것 같아요. 위기도 많이 겪겠지만 재미있을 것 같습니다.

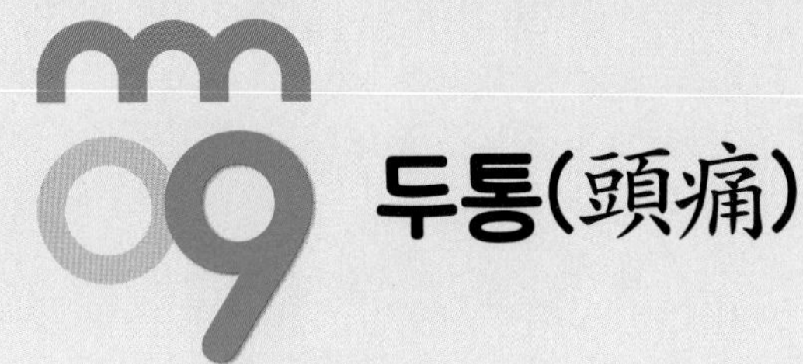

두통(頭痛)

‘머리 두(頭)’와 ‘아플 통(痛)’이 들어간 어휘

본문 43쪽

1 두각(頭角)
- [x] 여럿 가운데 특히 뛰어남.
- [ ] 모나거나 튀지 않고 둥그스름함.

2 몰두(沒頭)
- [x] 어떤 일에 온 정신을 기울임.
- [ ] 마음이 한곳에 있지 않고 어수선함.

3 통증(痛症)
- [x] 아픔을 느낌.
- [ ] 귀찮아 싫은 느낌.

4 애통(哀痛)
- [ ] 몹시 걱정하며 불안함.
- [x] 무척 슬프고 마음이 아픔.

문제로 어휘力 높여요

본문 44쪽

1 두통

‘두통’은 ‘머리 두(頭)’와 ‘아플 통(痛)’을 합한 어휘로, 머리가 아픈 증세를 의미한다. ‘두유’는 ‘콩 두(豆)’와 ‘젖 유(乳)’를 합한 어휘로, 콩을 갈아 마실 수 있게 만든 음식을 가리킨다.

2 두각

두 문장 모두 재능이 뛰어나다는 내용이므로 빈칸에는 여럿 가운데 특히 뛰어남을 의미하는 ‘두각(頭角)’이 적절하다. ‘서두(書頭)’는 글을 시작하는 첫머리를, ‘염두(念頭)’는 마음에 지닌 생각을, ‘두상(頭相)’은 머리 모양이나 생김새를 의미한다.

3 ②

‘통증(痛症)’은 아픔을 느낌을 의미하는 말로, ‘아플 통(痛)’이 쓰였다. ‘통과(通過)’에는 ‘통할 통(通)’이 쓰였고, ‘혈통(血統)’, ‘통일(統一)’, ‘전통(傳統)’에는 ‘거느릴 통(統)’이 쓰였다.

4 1 슬프게도 2 전념

1 ‘애통(哀痛)’은 무척 슬프고 마음이 아픔을 의미하므로, ‘애통하게도’는 ‘슬프게도’와 바꾸어 쓸 수 있다.

2 ‘몰두(沒頭)’는 어떤 일에 온 정신을 기울임을 의미하므로, 오직 한 가지 일에만 마음을 씀을 의미하는 ‘전념(專念)’과 바꾸어 쓸 수 있다.

글 쓰며 표현力 높여요

본문 45쪽

예시 선생님, 두통이 심해져서 왔어요. 머리를 조이는 듯한 통증 때문에 잠도 잘 못 자요. 진통제를 처방 받고, 어서 이 고통에서 벗어나고 싶어요.

10 호전(好轉)

'좋을 호(好)'와 '구를 전(轉)'이 들어간 어휘

본문 47쪽

1 태양 전지에서 태양의 빛 에너지는 전기 에너지로 [전환]된다.

2 여러 나라와 관계를 [우호]적으로 유지할 수 있도록 외교 활동을 한다.

3 제품을 만들 때에는 사람들에게 [호감]을/를 줄 수 있는지 고려해야 한다.

4 어린이 보호 구역에서 차를 [운전]할 때에는 속력을 30km/h 이하로 줄인다.

문제로 어휘力 높여요

본문 48쪽

1 1 호감 2 운전

1 겸손한 태도가 선생님들에게 좋은 감정을 준다는 내용이므로, 빈칸에는 좋게 여기는 감정을 의미하는 '호감(好感)'이 알맞다.

2 교통사고가 자주 일어나는 곳에서 차를 조심히 몰아야 한다는 내용이므로, 빈칸에는 차나 기계를 움직이고 조정함을 의미하는 '운전(運轉)'이 알맞다.

2 호전

상태가 더 나빠짐을 의미하는 '악화(惡化)'와 뜻이 반대이고, 수준 등이 더 나아짐을 의미하는 '향상(向上)'과 뜻이 비슷한 어휘는 나쁘던 상태가 좋아짐을 의미하는 '호전(好轉)'이다. '선호(選好)'는 여럿 가운데서 특별히 가려서 좋아함을 뜻하고, '호의(好意)'는 친절한 마음씨를 뜻한다.

3 ㉡

'우호(友好)'는 서로 사이가 좋음을 의미하는 말로 서로 관계가 가까워지거나 호의적일 때 쓰인다. 따라서 우호적인 감정과 무거운 회의 분위기는 어울리지 않으므로, ㉡에는 서로 적으로 대함을 의미하는 '적대(敵對)'와 같은 어휘가 들어가야 한다.

4 전환

두 기차의 충돌을 막기 위해서는 기차의 방향을 바꿔야 하므로, 기관사는 다른 방향이나 상태로 바뀜을 의미하는 방향 '전환(轉換)' 조작 장치를 눌러야 한다. '고정(固定)'은 한곳에 꼭 붙어 있거나 붙어 있게 함을, '가속(加速)'은 속도를 더함을, '유지(維持)'는 어떤 상태나 상황을 그대로 보존함을 뜻한다.

글 쓰며 표현力 높여요

본문 49쪽

예시 나는 우표를 좋아해. 호기심에 하나씩 모으다가 좋아하게 됐어. 우표는 종류가 굉장히 많은데, 동식물에 대한 우표, 문화재에 대한 우표, 국제 우호에 대한 우표, 안전 운전에 대한 우표 등이 있어. 그래서 우표를 모으다 보면, 관련 지식도 쌓이게 돼.

06~10 독해 / 놀이

독해로 마무리해요

본문 50쪽

1 간호, 병원

나이팅게일은 크림 전쟁에서 죽어가는 병사들을 간호하고, 병원의 환경을 개선하기 위해 노력했다고 하였다.

2 그녀의 활동으로 간호사에 대한 인식이 바뀌었다.

나이팅게일은 병원의 환경을 개선하는 '행정가'로서도 두각을 드러냈으며, 이러한 그녀의 노력으로 당시 간호사에 대한 사람들의 낮은 인식이 전환되었다고 하였다.

놀이로 정리해요

본문 51쪽

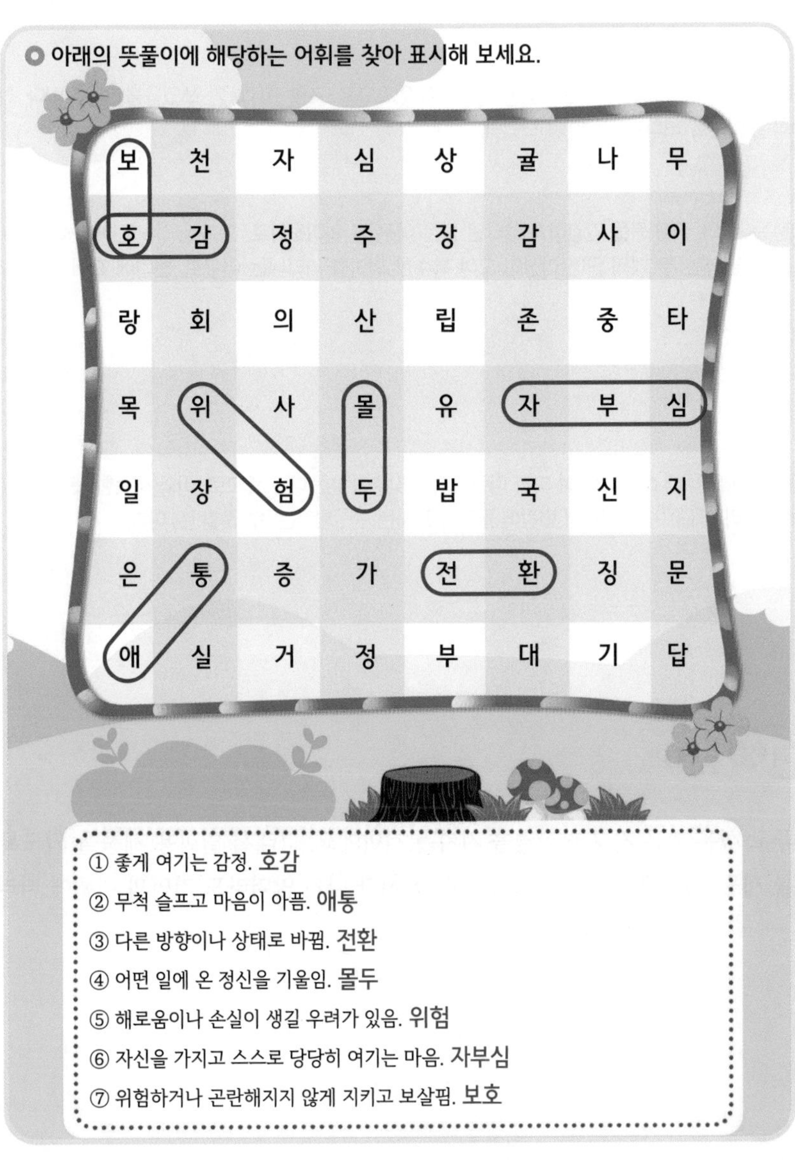

아래의 뜻풀이에 해당하는 어휘를 찾아 표시해 보세요.
보 천 자 심 상 귤 나 무
호 감 정 주 장 감 사 이
랑 회 의 산 립 존 중 타
목 위 사 몰 유 자 부 심
일 장 험 두 밥 국 신 지
은 통 증 가 전 환 징 문
애 실 거 정 부 대 기 답
① 좋게 여기는 감정. 호감
② 무척 슬프고 마음이 아픔. 애통
③ 다른 방향이나 상태로 바뀜. 전환
④ 어떤 일에 온 정신을 기울임. 몰두
⑤ 해로움이나 손실이 생길 우려가 있음. 위험
⑥ 자신을 가지고 스스로 당당히 여기는 마음. 자부심
⑦ 위험하거나 곤란해지지 않게 지키고 보살핌. 보호

11 표준(標準)

‘표할 표(標)’와 ‘준할 준(準)’이 들어간 어휘

본문 53쪽

1	목표(目標)	☑ 어떤 목적을 이루려고 대상으로 삼은 것. ☐ 사물의 좋고 나쁨 또는 진위나 가치를 분별하는 능력.
2	표어(標語)	☐ 새로 생긴 말. ☑ 주의, 주장 등을 간결하게 나타낸 짧은 어구.
3	준비(準備)	☐ 나중에 더 보탬. ☑ 미리 마련하여 갖춤.
4	기준(基準)	☑ 기본이 되는 표준. ☐ 목적을 달성하기 위해 취하는 방식이나 수단.

문제로 어휘力 높여요

본문 54쪽

1 표류

‘표시’와 ‘목표’에는 모두 ‘표하다’라는 의미가 포함되어 있으므로 ‘표할 표(標)’가 쓰였음을 알 수 있다. 그러나 ‘표류’는 정처 없이 흘러간다는 의미로 ‘떠다닐 표(漂)’가 쓰였다.

2 ㉢

‘표어(標語)’는 ‘주의, 주장 등을 간결하게 나타낸 짧은 어구.’를 의미하므로, ㉠과 ㉡의 빈칸에 들어갈 수 있다. 그러나 ㉢의 ‘손이 크다’, ‘발이 넓다’는 두 개의 단어 이상이 모여 특수한 의미를 나타내는 어구로, 빈칸에 표어가 아니라, ‘관용어(慣用語)’가 들어가야 한다.

3 1 기 2 표

4 ④

‘예비(豫備)’는 필요할 때 쓰기 위하여 미리 마련하거나 갖추어 놓는다는 뜻으로, 이와 비슷한 뜻의 어휘는 미리 마련하여 갖춤을 의미하는 ‘준비(準備)’이다. 따라서 빈칸에 들어갈 글자는 ‘준’, 한자는 ‘準(준할 준)’이다.

글 쓰며 표현力 높여요

본문 55쪽

예시 제가 이루고 싶은 일은 지구의 환경을 지키는 것이에요. 그래서 일회용 제품을 되도록 사용하지 않겠다는 목표를 세웠어요. 제가 하는 일이 당장은 표시가 나지 않더라도 저만의 기준에 따라 꾸준히 노력하려고 해요.

12 차이(差異)

‘差(다를 차)’와 ‘異(다를 이)’가 들어간 어휘

본문 57쪽

1 편견과 [차별] 없이 다른 문화를 존중하는 태도를 길러야 한다.

2 소득 [격차]이/가 커지면서 사회적 약자를 위한 제도와 정책이 필요해졌다.

3 병을 재사용하려면 병 안의 내용물이나 [이물질]을/를 비우고 배출해야 한다.

4 나는 몸에 일어나고 있는 [경이]로운 현상을 자연스럽게 생각하기 시작했다.

문제로 어휘力 높여요

본문 58쪽

1 차이

첫 번째 문장은 학교의 모습이 20년 전과 다르지 않다는 의미이고, 두 번째 문장은 동생과 내가 좋아하는 것에 서로 다른 점이 많다는 의미이다. 따라서 빈칸에는 공통으로 ‘서로 같지 않고 다름. 또는 그런 정도나 상태.’를 의미하는 ‘차이(差異)’가 들어갈 수 있다.

2 정상적이 아닌

3 평등(平等)

‘차별(差別)’은 ‘둘 이상의 대상을 각각 등급이나 수준 등의 차이를 두어서 구별함.’을 뜻하는 어휘이다. 그러나 ‘평등(平等)’은 권리, 의무, 자격 등이 차별 없이 고르고 한결같다는 의미로, ‘차별’과 반대의 뜻을 가진 어휘이다. ‘차등(差等)’은 고르거나 가지런하지 않고 차별이 있음. 또는 그렇게 대함을 뜻하고, ‘구별(區別)’은 성질이나 종류에 따라 차이가 남. 또는 그렇게 갈라놓음을 뜻한다. 따라서 두 어휘는 ‘차별’과 유사한 의미로 볼 수 있다.

4 ④

‘경이(驚異)’는 ‘놀랍고 신기하게 여김. 또는 그럴 만한 일.’을 의미하는 어휘이다. 그러므로 ‘신기했다’와 바꾸어 쓸 수 있다.

글 쓰며 표현力 높여요

본문 59쪽

예시 태어날 때부터 정해져 있는 신분만 관직에 나갈 수 있도록 차등을 둔 것은 부당한 차별 대우입니다! 부디 이견을 제시하셔서 모두가 능력에 따라 벼슬에 오르게 하소서.

13 증권(證券)

'증거 증(證)'과 '문서 권(券)'이 들어간 어휘

본문 61쪽

1 증거(證據)
- ☐ 거짓을 말로 꾸며 냄. 또는 그 말.
- ☑ 어떤 사실을 증명할 수 있는 근거.

2 인증(認證)
- ☐ 어떤 사실이나 주장이 옳지 않음을 여러 근거를 들어 증명함.
- ☑ 어떠한 문서나 행위가 정당한 절차를 따랐다는 것을 공적 기관이 증명함.

3 여권(旅券)
- ☐ 어떤 구역 안으로 들어가는 것을 인정하는 문서.
- ☑ 외국을 여행하는 사람의 신분이나 국적을 증명하고 상대국에 그 보호를 의뢰하는 문서.

4 탑승권(搭乘券)
- ☑ 배나 비행기, 차 등을 탈 수 있음을 인정하는 표.
- ☐ 적혀 있는 가격에 해당하는 상품과 교환할 수 있는 표.

문제로 어휘力 높여요

본문 62쪽

1 ①

첫 번째 문장의 '증거(證據)'는 어떤 사실을 증명할 수 있는 근거라는 뜻이고, 두 번째 문장의 '증인(證人)'은 어떤 사실을 증명하는 사람이라는 뜻이다. 따라서 모두 '증명하다'라는 의미가 포함되므로, 밑줄 친 '증' 자는 '증거 증(證)'으로 볼 수 있다.
② 셀 계(計) ③ 말씀 언(言) ④ 기록할 기(記) ⑤ 시 시(詩)

2 인증

해당 농가가 좋은 환경에서 동물을 길렀다는 것을 국가의 기관이 증명했다는 내용이므로, 밑줄 친 곳에는 모두 어떠한 문서나 행위가 정당한 절차를 따랐다는 것을 공적 기관이 증명함을 의미하는 '인증(認證)'이 들어가야 한다. '물증(物證)'은 물적 증거를 줄여 이르는 말로, 범행에 사용된 흉기, 훔친 물건 등을 증거로 하는 일을 이른다. '논증(論證)'은 옳고 그름을 이유를 들어 밝히는 것을, '반증(反證)'은 어떤 사실이나 주장이 옳지 않음을 그에 반대되는 근거를 들어 증명하는 것을 말한다.

3 1 이동 수단을 탈 수 있음 2 신분이나 국적

4 ㉡

'증권(證券)'과 '식권(食券)'에는 모두 '문서'라는 의미가 포함되어 있으므로 '문서 권(券)'이 쓰였음을 알 수 있다. 그러나 '인권(人權)'은 인간의 기본적인 권리라는 의미로, '권세 권(權)'이 쓰였다.

글 쓰며 표현力 높여요

본문 63쪽

예시 저는 왼쪽에서 세 번째 남자아이가 방귀를 뀐 것 같습니다. 그 친구가 목에 걸고 있는 놀이기구 이용권이 바람이 부는 방향에 따라 왼쪽으로 날리고 있고, 왼쪽 아이들이 표정을 찌푸리고 있죠. 그것이 이 친구가 범인이라는 사실을 입증해요.

14 투자(投資)

'던질 투(投)'와 '재물 자(資)'가 들어간 어휘 본문 65쪽

1 [투수]은/는 빠른 공과 느린 공을 적절히 섞어서 던집니다.

2 많은 양의 [자료]은/는 표를 활용하여 체계적으로 정리할 수 있습니다.

3 윤희순은 항일 의병 운동의 [자금]을/를 지원하려고 숯을 구워서 팔았습니다.

4 [투표]은/는 선거일 기준으로 만 18세 이상의 국민이면 누구나 할 수 있습니다.

문제로 어휘力 높여요

본문 66쪽

1 투표

빈칸에는 학급 회의에서 논의한 내용을 바탕으로 소풍 장소를 결정하는 방법이 들어가야 한다. 그러므로 '선거를 하거나 어떤 일을 의논하여 정할 때 의사를 표시하여 일정한 곳에 내는 일.'을 뜻하는 '투표(投票)'가 들어갈 수 있다.

2 ⑤

공격수에게 공을 주는 역할을 하는 선수이므로, 빈칸에는 '야구에서, 내야 중앙의 마운드에서 상대편의 타자가 칠 공을 포수를 향하여 던지는 선수.'라는 뜻의 '투수(投手)'가 들어가야 한다. '점수'는 성적을 나타내는 숫자를, '안타'는 '야구에서, 수비수의 실책이 없이 타자가 한 베이스 이상을 갈 수 있게 공을 치는 일을, '주자'는 야구 경기에서 누(壘)에 나가 있는 사람을, '타자'는 야구에서, 배트를 가지고 타석에서 공을 치는, 공격하는 편의 선수를 뜻하는 어휘이다.

3 1 이익을 얻을　2 바탕이 되는 재료

4 자금(資金)

제시된 어휘들은 모두 어떤 일을 하는 데 바탕이 되는 돈이라는 의미를 포함하고 있다. 이와 뜻이 가장 비슷한 어휘는 '특정한 목적에 쓰이는 돈.'이라는 뜻을 가진 '자금(資金)'이다. '자격(資格)'은 일정한 신분이나 지위를 의미하고, '자질(資質)'은 타고난 성품이나 소질을 의미하므로, 돈이라는 의미와는 거리가 멀다.

글 쓰며 표현力 높여요

본문 67쪽

예시 이 제품이 우리 생활에 투입된다면 지금보다 더 편리하게 살 수 있을 것입니다. 제품의 효과를 증명하는 자료는 충분하니 천천히 살펴보시고 여러분의 소중한 자금을 투자해 주세요.

15 채점(採點)

'캘 채(採)'와 '점 점(點)'이 들어간 어휘

본문 69쪽

1	채택(採擇)	☑ 작품, 의견, 제도 등을 골라서 다루거나 뽑아 씀. ☐ 실시하여 오던 제도나 법규 등을 그만두거나 없앰.
2	채집(採集)	☐ 사람에게 잡힌 생물을 놓아주는 일. ☑ 널리 찾아서 얻거나 캐거나 잡아 모으는 일.
3	관점(觀點)	☐ 어떤 것에 마음이 끌려 주의를 기울임. ☑ 사물이나 현상을 관찰할 때, 보고 생각하는 태도나 방향 또는 처지.
4	장점(長點)	☐ 잘못되고 모자라는 점. ☑ 좋거나 잘하거나 긍정적인 점.

문제로 어휘力 높여요

본문 70쪽

1 채택

제시된 글에서는 '안전 지킴이 활동을 하자.'는 의견을 뽑을 것인지, 그렇지 않을 것인지 결정하고 있다. 따라서 '작품, 의견, 제도 등을 골라서 다루거나 뽑아 씀.'이라는 의미의 '채택(採擇)'이 빈칸에 들어갈 수 있다.

2 ⑤

주장하는 글은 상대방을 설득해야 하므로, 자신의 견해나 사물이나 현상을 바라보고 생각하는 자신의 태도나 방향을 정확하게 밝혀야 한다는 내용이다. 따라서 빈칸에는 이러한 의미를 지니고 있는 어휘인 입장, 시각, 태도, 관점이 들어갈 수 있다. '기분'은 마음에 절로 생기는 감정을 의미하는 어휘이므로, 다른 어휘들과 의미상 거리가 멀고, 빈칸에도 어울리지 않는다.

3 1 장점 2 채점

1 친구를 칭찬하는 상황이므로, 빈칸에는 '좋거나 잘하거나 긍정적인 점.'을 뜻하는 '장점(長點)'이 들어갈 수 있다.

2 선생님이 학생들의 답안지를 보고 있는 상황이므로, 빈칸에는 '시험 답안의 맞고 틀림을 살피어 점수를 매김.'을 뜻하는 '채점(採點)'이 들어갈 수 있다.

4 채집

'수집(收集)'은 거두어 모은다는 의미이므로, 이와 비슷한 뜻의 어휘는 널리 찾아서 얻거나 캐거나 잡아 모으는 일이라는 의미의 '채집(採集)'이다. '채용(採用)'은 사람, 또는 의견, 방안 등을 고르거나 받아들여서 씀을 의미하고, 채광(採光)은 창문 등을 내어 햇빛을 비롯한 광선을 받아 들임을 의미한다.

글 쓰며 표현力 높여요

본문 71쪽

예시 이제 막 사회의 출발점에 선 저에게 기회를 주셔서 감사해요. 저를 채용해 주시면 저의 장점은 발전시키고 약점은 보완하여 이 회사를 성장시키는 인재가 되겠습니다.

11~15 독해 / 놀이

독해로 마무리해요

본문 72쪽

1 꿈, 시간

2 ①

이 글에서 말하는 이는 한쪽 다리가 불편하여 어린 시절부터 차별을 당했다고 하였다. 그러나 태어났을 때부터 다리가 불편했다고 하였으며, 어린 시절 사고를 당했는지는 나타나 있지 않다.

놀이로 정리해요

본문 73쪽

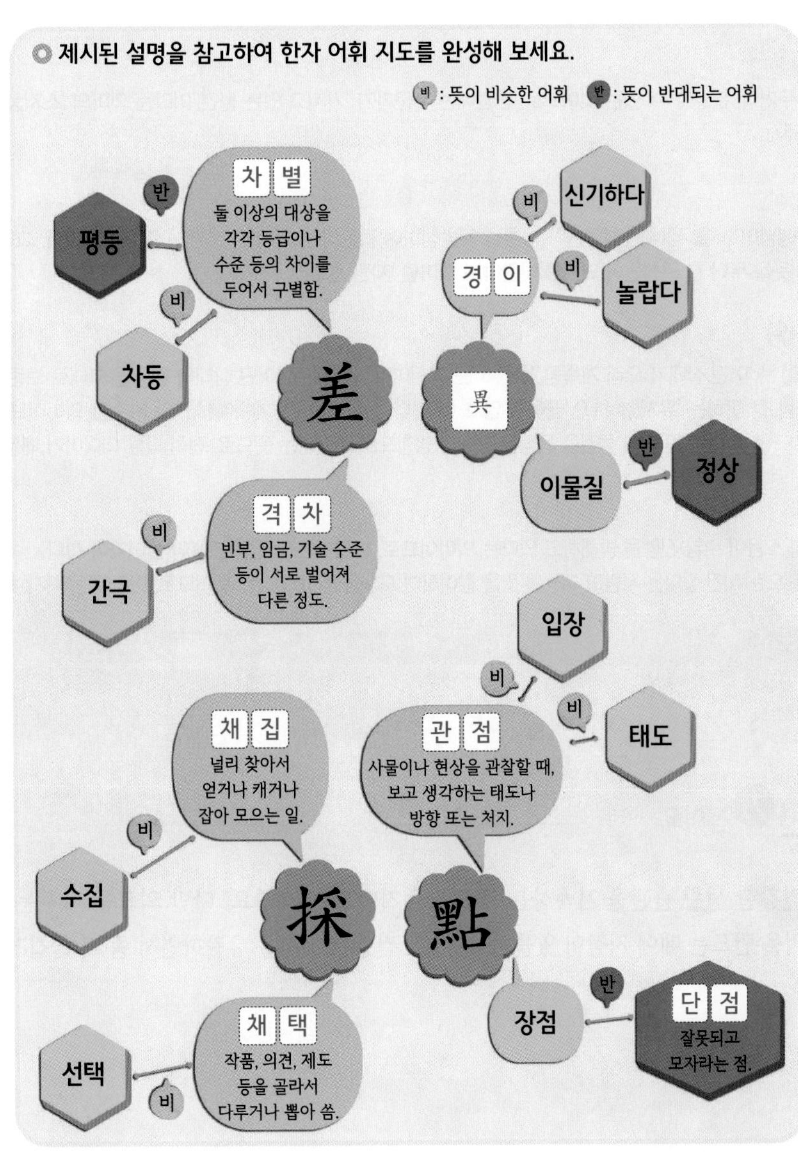

16 지지(支持)

‘지탱할 지(支)’와 ‘가질 지(持)’가 들어간 어휘

본문 75쪽

1 **지원(支援)**
- ☑ 무엇 또는 어떤 일을 뒷받침하여 돕는 것.
- ☐ 운동 경기 등에서 선수들이 이기도록 북돋우고 격려함.

2 **지장(支障)**
- ☑ 어떤 일에 거치적거리며 방해가 되는 장애.
- ☐ 남을 어떤 목적이나 방향으로 가르치어 이끄는 일.

3 **소지품(所持品)**
- ☑ 가지고 있는 물건.
- ☐ 용도를 바꾸어 다시 사용할 수 있는 물건.

4 **지속(持續)**
- ☐ 흐름이 연속되지 않음.
- ☑ 어떤 상태가 오래 계속됨.

문제로 어휘力 높여요

본문 76쪽

1 소지품

제자리에 두거나, 분실할 수 있는 것이므로, 빈칸에는 누군가가 ‘가지고 있는 물건.’이라는 의미의 ‘소지품(所持品)’이 들어가야 한다.

2 ㉡

㉠에는 선생님이 나를, ㉢에는 청년들이 농촌을 뒷받침하여 돕는다는 의미인 ‘지원(支援)’이 쓰였다. 그러나 ㉡에는 어떤 일이나 조직에 뜻을 두어 한 구성원이 되기를 바란다는 의미인 ‘지원(志願)’이 쓰였다.

3 유도(誘導)

‘지속(持續)’은 ‘어떤 상태가 오래 계속됨.’을 뜻하는 어휘이다. 그러므로 ‘어떤 상태나 상황을 그대로 보존하거나 변함없이 계속하여 지탱함.’을 뜻하는 ‘유지(維持)’, ‘끊이지 않고 이어 나감.’을 뜻하는 ‘계속(繼續)’과 비슷한 의미이므로 바꾸어 쓸 수 있다. 그러나 ‘유도(誘導)’는 사람이나 물건을 목적한 장소나 방향으로 이끈다는 뜻으로, 전혀 다른 의미이기 때문에 바꾸어 쓸 수 없다.

4 1 지장　2 지지

1 도로의 소음이 수업 진행을 방해하고 있다는 의미이므로, 빈칸에는 ‘지장(支障)’이 들어가야 한다.
2 신뢰를 오랜 시간 쌓아온 사람이 대중과 뜻을 같이하며 도움을 받고 있다는 뜻이므로, 빈칸에는 ‘지지(支持)’가 들어가야 한다.

글 쓰며 표현力 높여요

본문 77쪽

예시 민아가 건강한 생활 습관을 지속하는 모습은 멋지다고 생각해요! 다만 외모를 가꾸는 것에만 신경 쓰면, 다른 추억을 만드는 데에 지장이 있을 것 같아요. 건강한 체력을 유지하면서 좀 더 즐겁게 살아가길 바라요.

17 의존(依存)

'依(의지할 의)'와 '存(있을 존)'이 들어간 어휘

본문 79쪽

1 나는 다른 사람에게 [의지]하지 않고 나의 일을 합니다.

2 앞으로는 인간과 로봇이 [공존]하는 방법을 찾아야 합니다.

3 그는 통역을 [의뢰]하여 외국인들과 자유롭게 소통할 수 있었습니다.

4 지속 가능한 미래를 위해서 우리는 환경을 지키고 [보존]해야 할 책임이 있습니다.

문제로 어휘力 높여요

본문 80쪽

1 ④

두 문장 모두 어떤 사람에게 기댄다는 의미이므로, 빈칸에는 공통으로 '다른 것에 몸이나 마음을 기대어 도움을 받음. 또는 그렇게 하는 대상.'을 뜻하는 '의지(依支)'가 들어가야 한다.

2 존대

'실존', '생존', '존재'에는 '있다'라는 의미가 포함되어 있으므로, 밑줄 친 글자에 '있을 존(存)'이 쓰였음을 알 수 있다. '존대(尊待)'에는 '있다'라는 의미가 포함되지 않았으며, '높을 존(尊)'이 쓰였다.

3 ㉢

'의존(依存)'은 다른 것에 기대어 생활하거나 존재함을 뜻하므로, ㉠이나 ㉡과 같이 '남'이나 '부모님'에게 기대어 생활한다는 의미로 쓰일 수 있다. 그러나 ㉢과 같이 '추천서'에 기대어 생활한다고 하면 의미가 어색하다. ㉢의 밑줄 친 부분에는 남에게 부탁한다는 의미로 '의뢰(依賴)'가 쓰일 수 있다.

4 1 보존 2 공존

글 쓰며 표현力 높여요

본문 81쪽

예시 저는 항상 휴대 전화로 친구들과 대화해요. 그러지 않으면 내 존재가 잊힐까 봐 두렵거든요. 휴대 전화 속 세상을 의존하며 살아가는 것 같아요. 앞으로는 휴대 전화를 적당하게 사용하면서 공존할 수 있도록 노력해야겠어요.

18 고난(苦難)

‘쓸/괴로울 고(苦)’와 ‘어려울 난(難)’이 들어간 어휘

본문 83쪽

1 **고생(苦生)**
- [ ] 괴로움을 극복하여 성장함.
- [x] 어렵고 고된 일을 겪음. 또는 그런 일이나 생활.

2 **고충(苦衷)**
- [ ] 몸에 통증이 있음.
- [x] 괴로운 심정이나 사정.

3 **난민(難民)**
- [ ] 다른 나라의 지배를 받고 있는 사람.
- [x] 전쟁이나 재난 등으로 곤경에 빠진 사람.

4 **비난(非難)**
- [x] 남의 잘못이나 결점을 책잡아서 나쁘게 말함.
- [ ] 다른 사람들을 볼 낯이 없거나 스스로 떳떳하지 못함.

문제로 **어휘** 力 높여요

본문 84쪽

1 고생, 즐겁고 좋은 일

어려운 일이나 고된 일을 겪은 뒤라고 하였으므로, 앞의 괄호에는 어렵고 고된 일을 겪음을 뜻하는 ‘고생(苦生)’이 알맞다. 그리고 고생 끝에는 ‘낙(樂, 즐거울 낙)’이 온다고 하였으므로, 뒤의 괄호에는 ‘즐겁고 좋은 일’이 생긴다는 내용이 들어갈 수 있다.

2 ⑤

제시된 어휘는 모두 어려운 상황이나 상태와 관련이 있다. 그러므로 빈칸에 ‘어려울 난(難)’이 들어가서, ‘난치병(難治病)’, ‘재난(災難)’, ‘피난(避難)’이 되어야 한다.

3 1 난민　　2 고난

1 전쟁으로 터전을 잃은 사람이 늘어났다고 하였으므로, ‘전쟁이나 재난 등으로 곤경에 빠진 사람.’을 뜻하는 ‘난민(難民)’이 들어갈 수 있다.

2 전쟁으로 터전을 잃은 사람들을 도와주어야 한다고 하였으므로, ‘괴로움과 어려움을 아울러 이르는 말.’인 ‘고난(苦難)’이 들어갈 수 있다.

4 1 ㉡　　2 ㉠

1 ‘단점을 지적’하는 것은 남의 잘못이나 결점을 책잡아서 나쁘게 말한다는 의미의 ‘비난(非難)’과 바꾸어 쓸 수 있다.

2 ‘괴로운 사정’은 괴로운 심정이나 사정이라는 의미의 ‘고충(苦衷)’과 바꾸어 쓸 수 있다.

글 쓰며 **표현** 力 높여요

본문 85쪽

예시 전쟁에 나가거나, 피난을 가면서 가족과 헤어지는 고통이 얼마나 컸을까요. 그 아픔을 견뎌 낸 우리 민족을 떠올리니 저의 고충도 잘 이겨 낼 수 있을 것 같아요. 우리나라의 독립과 안전을 위해 고생해 주신 점을 잊지 않겠습니다.

19 탈진(脫盡)

○ '벗을 탈(脫)'과 '다할 진(盡)'이 들어간 어휘

본문 87쪽

1 북한 [이탈] 주민들은 모두 같은 민족이자 하나의 겨레입니다.

2 나는 [무진] 애를 써서 반대하시는 부모님을 설득하였습니다.

3 우리 몸에 있는 에너지가 [소진]되면 이를 보충할 영양분이 필요합니다.

4 이 세탁기는 습도가 높은 날에는 [탈수]을/를 세게 하는 등 날씨에 맞추어 동작할 수 있습니다.

문제로 어휘力 높여요

본문 88쪽

1 탈진

며칠 동안 울기만 하거나, 아버지가 업고 병원으로 달려가야 하는 상황이므로, 밑줄 친 곳에는 기운이 다 빠져 없어진다는 뜻의 '탈진(脫盡)'이 들어갈 수 있다.

2 ① 이탈하는 ② 소진하니

① 화물열차가 선로를 벗어났다고 하였으므로, 어떤 범위나 대열 등에서 벗어난다는 뜻의 '이탈(離脫)하는'과 바꾸어 쓸 수 있다.

② 힘을 다 썼다는 의미이므로, 점점 줄어들어 다 없어진다는 뜻의 '소진(消盡)하니'와 바꾸어 쓸 수 있다.

3 ① 탈의 ② 탈수

① 물리치료를 받기 위해 겉옷을 벗는다는 의미이므로, 빈칸에는 '탈의(脫衣)'가 들어갈 수 있다.

② 여름철에 야외 활동을 오래 하면 몸속의 수분이 모자라서 일어나는 증상이 발생할 수 있다는 의미이므로, 빈칸에는 '탈수(脫水)'가 들어갈 수 있다.

4 끝, 다함

'무궁무진(無窮無盡)'은 '다함이 없을 만큼 매우.'를 뜻하는 '무진(無盡)'을 포함하고 있다. 그러므로 이를 바탕으로 제시된 한자 성어가 '끝이 없고 다함이 없다.'라는 뜻임을 알 수 있다.

글 쓰며 표현力 높여요

본문 89쪽

예시 물놀이를 하다 보면 기력이 소진돼서 금세 허기질 거야. 바닷가에서 인기 있는 음식은 빨리 매진되니까 식사를 조금 빨리 하도록 해. 더운 날 오랫동안 놀면 탈진할 수 있으니 주의하고!

20 환희(歡喜)

◎ '歡(기쁠 환)'과 '喜(기쁠 희)'가 들어간 어휘

본문 91쪽

1 선조들은 가까운 이웃과 [희로애락]을/를 함께 나누며 살아왔습니다.

2 이 탈은 에스파냐의 [희극]에서 사용했던 턱이 없는 가면이에요.

3 하와이의 꽃목걸이 '레이'는 [환영]와/과 축하, 감사 등을 표현합니다.

4 사람들의 사랑과 [환호]을/를 받는 선수들은 자기만의 기쁨을 나타내는 동작이 있습니다.

문제로 어휘力 높여요

본문 92쪽

1 1 환희 2 환호

1 경기를 승리로 이끈 선수들이므로, '매우 기뻐함. 또는 큰 기쁨.'을 뜻하는 '환희(歡喜)'의 표정을 지을 수 있다.

2 선수들을 응원하던 사람들은 경기 결과에 신이 나 기뻐서 큰 소리로 부르짖으며 '환호(歡呼)'할 수 있다.

2 ③

제시된 글로 보아, 첫 번째 밑줄 친 곳에는 '기쁠 희(喜)'가 쓰인 '희극'이, 두 번째 밑줄 친 곳에는 '슬플 비(悲)'가 쓰인 '비극'이 들어가야 한다.

3 맞을 영(迎)

'환영'은 '오는 사람을 기쁜 마음으로 반갑게 맞음.'을 뜻하며 '환송'과 대비되는 뜻이므로, '기쁠 환(歡)'과 '맞을 영(迎)'이 쓰였음을 알 수 있다.

4 ㉡

'희로애락(喜怒哀樂)'은 기쁨과 노여움과 슬픔과 즐거움을 아울러 이르는 말이므로, 항상 함께하며 감정을 나누는 친구 사이를 나타낸 ㉡의 문장에서 쓸 수 있는 말이다. ㉠의 빈칸에는 매우 기뻐하고 즐거워함을 의미하는 '희희낙락(喜喜樂樂)'이 들어갈 수 있다.

글 쓰며 표현力 높여요

본문 93쪽

예시 며칠 전 나와 친구가 좋아하는 가수의 신곡이 발표된다는 희소식을 들었는데, 오늘 그 곡이 음원 순위에서 1등을 차지했다! 나와 친구는 얼싸안고 환호를 질렀다.

16~20 독해 / 놀이

독해로 마무리해요

본문 94쪽

1 그물

이 글에서 상괭이의 멸종 위기의 원인에 대해 전문가에게 의뢰한 결과, 다른 물고기를 잡기 위한 그물에 상괭이가 걸린다는 것을 밝혀냈다고 하였다.

2 ⑤

상괭이가 다른 물고기를 잡기 위해 쳐 놓은 그물에 섞여 잡혀 질식사하게 된다는 사실이 밝혀진 후로, 상괭이를 돕자는 운동이 벌어지고 있다고 하였다.

놀이로 정리해요

본문 95쪽

◎ 뜻풀이에 해당하는 어휘를 골라 퍼즐을 맞춰 보세요.

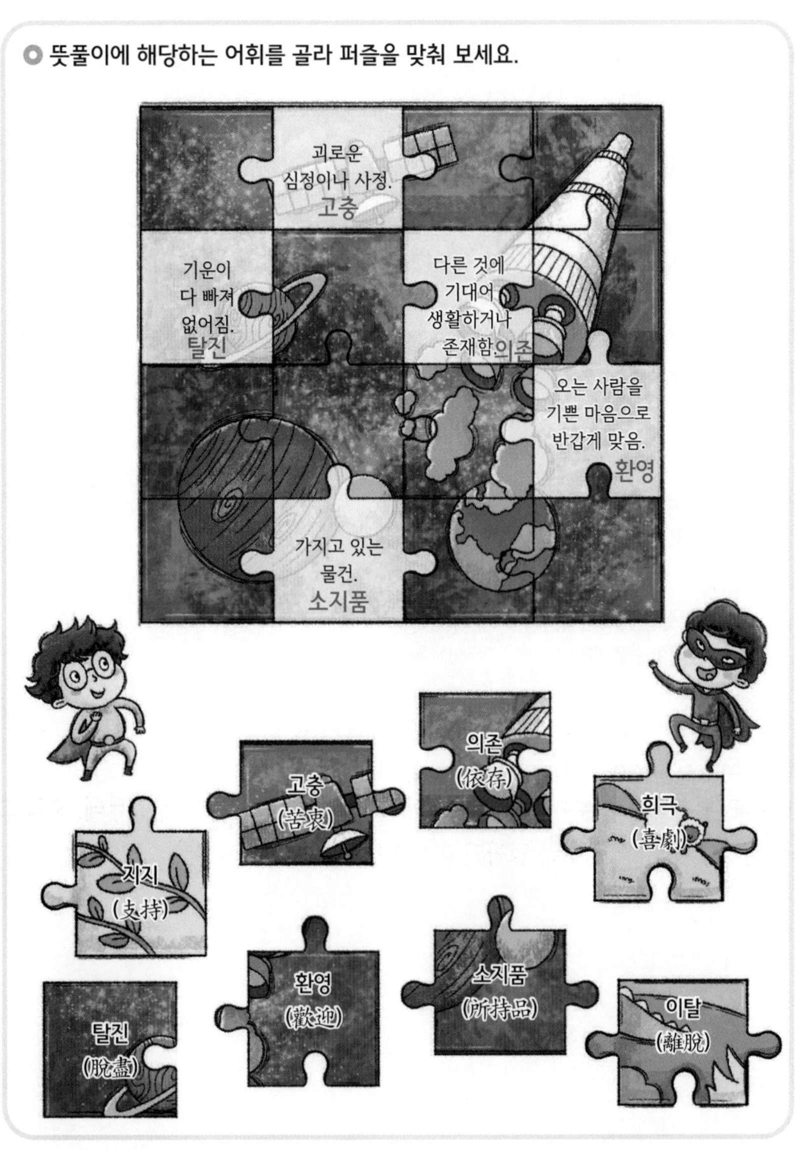

1 1 ③
① 券 ② 準 ④ 盡
2 ①
② 轉 ③ 資 ④ 評

2 1 ②
① 지날 과 ③ 다칠 상 ④ 지탱할 지
2 ①
② 빠질 몰 ③ 위태할 위 ④ 벗을 탈

3 1 ②
依(의지할 의) + 存(있을 존): 다른 것에 기대어 생활하거나 존재함.
2 ③
優(뛰어날 우) + 勝(이길 승): 경기, 경주 등에서 이겨 첫째를 차지함.

4 1 ④
苦(괴로울 고) + 難(어려울 난): 괴로움과 어려움을 아울러 이르는 말.
2 ④
標(표할 표) + 準(준할 준): 사물의 크기, 수량, 가치, 질 등을 재거나 판단하기 위한 근거나 기준.

5 1 ②
專(오로지 전) + 攻(칠 공): 어느 한 분야를 전문적으로 연구함. 또는 그 분야.
2 ①
採(캘 채) + 點(점 점): 시험 답안의 맞고 틀림을 살피어 점수를 매김.

6 ③
① 이기심 ② 자존심 ④ 자신감

7 1 ②
'差(다를 차)'와 뜻이 비슷한 한자는 '異(다를 이)'이다.
① 표 표 ③ 물건 물 ④ 좋을 호
2 ④
'歡(기쁠 환)'과 뜻이 비슷한 한자는 '喜(기쁠 희)'이다.
① 성낼 노 ② 부를 호 ③ 슬플 애

8 ①
- 勤(부지런할 근) + 勉(힘쓸 면): 부지런히 일하며 힘씀.
- 勤(부지런할 근) + 勞(일할 로): 부지런히 일함.

② 증거 증 ③ 움직일 동 ④ 판단할 판